CB137772

ACÍDIA

Coleção **Clássicos de espiritualidade**

- *Imitação de Cristo*, Tomas de Kempis
- *Confissões*, Santo Agostinho
- *Diário da alma*, João XXIII
- *Não morro... entro na vida: últimos colóquios*, Santa Teresinha
- *Conselhos e lembranças*, Santa Teresinha
- *Vida de Santo Agostinho*, Possídio
- *As cartas*, Santa Catarina de Sena
- *Confissões*, Santo Agostinho
- *Acídia: vírus que mata o amor*, São Gaspar Bertoni
- *O caderno dos meus pecados: autobiografia*, Santa Gemma Galgani
- *O livro do Mestre*, Rulman Merswin

SÃO GASPAR BERTONI

ACÍDIA

VÍRUS QUE MATA O AMOR

Tradução: Pe. Vergílio Zoppi, CSS

PAULUS

Tradução: *Pe. Vergílio Zoppi, CSS*
Direção editorial: *Claudiano Avelino dos Santos*
Coordenação de revisão: *Tiago José Risi Leme*
Capa: *Marcelo Campanhã*
Editoração, impressão e acabamento: PAULUS

Dados Internacionais de Catalogação na Publicação (CIP)
(Câmara Brasileira do Livro, SP, Brasil)

Bertoni, Gaspar, Santo, 1777-1853
Acídia: vírus que mata o amor / São Gaspar Bertoni. – São Paulo: Paulus, 2018.
– Coleção Clássicos de espiritualidade.

ISBN 978-85-349-4694-0

1. Acídia I. Título. II. Série.

18-14316 CDD-241.3

Índice para catálogo sistemático:
1. Acídia: Pecado: Ética cristã: Cristianismo 241.3

Seja um leitor preferencial **PAULUS**.
Cadastre-se e receba informações
sobre nossos lançamentos e nossas promoções:
paulus.com.br/cadastro
Televendas: **(11) 3789-4000 / 0800 016 40 11**

1ª edição, 2018
5ª reimpressão, 2024

© PAULUS - 2018

Rua Francisco Cruz, 229 · 04117-091 - São Paulo (Brasil)
Tel.: (11) 5087-3700
paulus.com.br · editorial@paulus.com.br

ISBN 978-85-349-4694-0

APRESENTAÇÃO

Na reunião do Conselho dos Superiores, realizada de 22 a 26 de setembro de 2003, em Sezano-Verona, tive a grata oportunidade de receber o livro preparado pelo padre Bruno Facciotti, estigmatino. Desejei lê-lo também, pois o título em italiano era um tanto singular: *Accidia*. O ambiente favoreceu a leitura, pois Sezano é uma Quinta, situada na aldeia chamada Grezzana, e fica a uns oito quilômetros de Verona (Itália). É bom lembrar que essa propriedade é dos Estigmatinos e foi comprada pelo próprio padre Gaspar Bertoni.

Achei o livro muito interessante pelo conteúdo e por ser algo produzido pelo nosso Fundador, São Gaspar Bertoni. E assim, ao voltar ao Brasil, pedi a padre Vergílio Zoppi que o traduzisse para o português. E agora desejo apresentar o livro já traduzido aos caros leitores, para que aproveitem bem os ensinamentos do sábio mestre Bertoni.

Considero bastante providencial e de perspicaz sensibilidade esse trabalho de padre Bruno Facciotti, que recolheu e organizou as explanações feitas por padre Gaspar Bertoni aos acólitos, na igreja de Santa Helena, localizada ao lado da catedral de Verona.

Embora o título pareça estranho, trata-se de um fato bastante comum na vida humana e certamente um vício, que muito impede o progresso humano, material e espiritual.

A forma de apresentar as Instruções foi muito feliz, uma vez que mostra os pontos importantes da questão e pode ajudar na compreensão, meditação e tomada de posição, para tentar melhorar a vida tornando-a mais ativa.

É necessário, de fato, espantar para bem longe o fantasma da acídia, a preguiça, de nossa vida, de nossas atividades, de nossos compromissos, para colocar em prática os ensinamentos e encaminhamentos apresentados pelo grande homem de Deus.

Estou certo de que a leitura deste livro pode ajudar a ter mais confiança em Deus, mais esperança em atingir a meta e mais empenho em conduzir os empreendimentos. Gostaria aqui de lembrar a passagem de Jeremias que diz: "Maldito aquele que cumpre as obras do Senhor com negligência". E ainda a afirmação de Marcos: "Cristo fez bem todas as coisas".

É preciso afastar a acídia e suas filhas, para que se possa caminhar com firmeza, coragem e perseverança no caminho desejado por Deus. Ele espera que cada um seja fiel cumpridor do dever e nunca se deixe enovelar pelas lianas do comodismo e da frouxidão.

Senhor, dai-nos a firmeza da fé para saber aceitar a realidade, a fineza do amor que inflama, a inquebrantável persistência que vence barreiras e a sensível paciência para nos compreender e melhor compreender os outros.

Goiânia, 12 de junho de 2006
Pe. Rubens Sodré Miranda, CSS
Superior Provincial

PREFÁCIO

A ideia de reunir num livro as instruções de São Gaspar sobre o argumento de acídia me brotou ao ler o espetacular livro de Gabriel Bunge, um monge eremita, sobre esse tema, *Akedia: um obscuro mal*, publicado pela Comunidade de Bose. Veio-me logo o pensamento de que também a riqueza dos escritos bertonianos devia ser conhecida e se tornar patrimônio de muitas outras pessoas. E, de fato, as instruções de São Gaspar formam um conjunto monográfico sobre a acídia – convidativo e que provoca curiosidade.

A tarefa que assumi não era fácil: o texto de Gaspar Bertoni estava sendo traduzido e a linguagem, reformulada com termos e expressões mais condizentes com a nossa cultura. Para executar esse trabalho, pedi e consegui a colaboração de alguns confrades, aos quais vivamente agradeço.

Importância do tema da acídia

A acídia, como se sabe, é um dos sete vícios capitais, porém é um termo bem pouco conhecido e, por isso, não compreendido pela maior parte das pessoas. No entanto, a acídia atinge a todos. Dela fazem experiência sobretudo as pessoas que se lançam num sério caminho de conversão e de renovação espiritual. Depois de um primeiro período, no qual o entusiasmo coloca asas nos pés, chega o cansaço, a monotonia, o desânimo, a apatia geral. As comunidades religiosas e os movimentos de renovação eclesial vivenciam a experiência do povo eleito, após a passagem do mar Vermelho, e dos primeiros e difíceis passos no deserto, rumo à terra prometida: "Sempre a mesma comida! Não há água. Não há carne! Não se chega à meta! Levaste-nos ao deserto para morrer? Estávamos bem melhor lá no Egito...".

O fôlego se torna arfante e vem a vontade de parar. A parada depois se torna fatal e não mais se deseja levantar e continuar o caminho. Como Elias sob o junípero, em crise com Deus, dizemos: "Basta, não sou melhor que os outros padres. Deixa-me morrer!". A náusea pelas coisas espirituais e a apatia nos bloqueiam; e não mais temos vontade de rezar, de meditar, de celebrar a Eucaristia, de ler bons livros, de participar dos sacramentos, da catequese, da vida comunitária, de fazer obras de caridade...

A acídia é um vírus que corta as pernas e pouco a pouco vai sugando a energia, até levar a pessoa a uma lenta morte espiritual, por asfixia, por paralisação progressiva, depois de tê-la conduzido aos prazeres mais vulgares e estomacais, e a uma triste depressão espiritual, cheia de insatisfações e de críticas a tudo e a todos.

Jesus e a acídia

Há no Evangelho um momento angustiante que nos mostra Jesus numa tremenda situação de tristeza espiritual e depressão. É o Getsêmani. Escreve Mateus: "E tomou consigo Pedro e os dois filhos de Zebedeu e começou a sentir tristeza e angústia". Disse-lhes: "A minha alma está triste até a morte; permaneçam aqui e vigiem comigo". E distanciando-se um pouco, prostrou-se com a face em terra e rezou: "Pai, se é possível, afasta de mim este cálice! Porém, não como eu quero, mas como tu queres!". Depois retornou aos discípulos e os encontrou dormindo. E disse a Pedro: "Assim vocês não foram capazes de velar uma só hora comigo? Vigiem e orem, para não caírem em tentação. O espírito está pronto, mas a carne é fraca".

Algumas considerações: os evangelistas nos mostram um Jesus abatido, "encurvado", à beira de um precipício. O que impressiona é a sinceridade desarmada de Jesus: ele, o Messias, arrebatador das turbas, aquele que havia dado esperança a milhares de pessoas, que havia feito milagres, que havia feito sentir o poder e o amor de Deus a todos os desesperados, agora não se envergonha de confessar a seus discípulos o seu estado de prostração, a sua aversão por aquilo que o espera: "A minha alma está triste até a morte". Ver o seu Mestre naquele estado, com a moral por terra, devia produzir na alma dos discípulos um efeito devastador e de desconforto, paralisante. Mas Jesus não procura esconder, por medo de desiludir, fala, mostra sua fragilidade humana e pede ajuda. Que lição! E também Jesus nos exorta a perseverar na oração, ainda quando não se tem vontade, abandonando-se ao desígnio do Pai e de sua bondade. A oração é fonte da força para não cair em tentação: a carne é fraca.

Dados históricos sobre as Instruções

Quinta-feira, 22 de novembro de 1810, padre Gaspar deixa sua habitação em São Firmo Maior, em Verona, para onde se havia mudado após a morte da mãe e se dirige para a antiquíssima igreja de Santa Helena, ao lado da Catedral, para dar início aos retiros mensais no Colégio dos Acólitos. Foram onze encontros, que terminaram em dezembro de 1811, levando em conta a parada de férias.

Quem eram os Acólitos? Os Acólitos eram seminaristas selecionados, encarregados do serviço e do canto na celebração da Eucaristia pela manhã e nas funções dominicais na Catedral. A escolha do tema das meditações se atinha, de modo particular, ao ofício que eles exerciam: o serviço litúrgico no altar, um encargo que os colocava cotidianamente em contato com o Santo dos Santos e com as coisas santas. Como experiente pregador, padre Gaspar ampliou o programa dos assuntos. O material preparado para a segunda instrução de dezembro era abundante e padre Gaspar o usou também para o retiro do mês seguinte. Veio confirmar isso a mudança de número da terceira instrução, que ele corrigiu no manuscrito, colocando o número quatro. Também nós dividimos a segunda instrução em duas (2ª e 3ª instruções).

Outra curiosidade é que, na segunda instrução, padre Gaspar elenca umas vinte manifestações da acídia. Ele as desenvolve profundamente nos sucessivos encontros, com certa lógica, apresenta o tema da ociosidade (os primeiros quatro assuntos do elenco) no início e no final das férias de verão, que – como se sabe – são perigosas, devido ao maior tempo livre e à tentação de ficar ao léu. Padre Gaspar reserva pedagogicamente para o encontro conclusivo o tema do "vício de adiar a conversão" (quinto tema do elenco).

Por fim, o grande número de citações dos padres e doutores da Igreja, de escritores sacros e profanos nos faz pensar que padre Gaspar, para a elaboração desses escritos, se serviu verdadeiramente de Comentários ou "Seleta". Neste e no texto da Sagrada Escritura, eram colocadas as diversas traduções, trechos de comentários de muitos autores sobre o tema e as citações de passos escriturísticos afins.

Esclarecimentos

- Para poder utilizar os textos como meditação pessoal, antes de cada instrução, tomei a liberdade de fazer uma introdução, com breves dados históricos e com proposta de atualização; no final de cada uma coloquei uma oração conclusiva, com sugestões práticas.
- Buscando melhorar e tornar mais compreensível a tradução, foram acrescentados pequenos títulos, com uma divisão numerada, que não existe no original e, em nota, breves dados de autores ou de pessoas citadas.
- A tradução do latim e a adaptação do texto na língua corrente não são sempre uniformes, devido aos diferentes tradutores, e se tomou certa liberdade para tornar mais vivo o texto.

Além disso, algum parágrafo foi sutilmente deslocado por motivo de clareza e de lógica. Porém, no conjunto, procurou-se permanecer fiel ao texto de Bertoni.

No final das instruções, acrescentei uma conclusão, comentando um texto do *Memorial Privado*.

As palavras e o exemplo de São Gaspar Bertoni, que, na sua vida, guiaram espiritualmente centenas de pessoas, possam ressoar também hoje em nosso espírito e nos ajudar a não nos entregar, mas a retomar e continuar com alegria e generosidade nosso caminho com Cristo.

Pe. Bruno Facciotti, CSS

PRIMEIRA INSTRUÇÃO

(MAN. 4.440-4.456)

INTRODUÇÃO

Novembro de 1810. Padre Gaspar fora indicado por padre Travisani a padre Antônio Magri como animador dos retiros mensais dos Acólitos, em virtude da fama de santidade que tinha, havia muito tempo, nos ambientes eclesiásticos e não eclesiásticos. Desde jovem seminarista, já se distinguia pela sua conduta e era indicado como modelo a ser imitado. Não que fosse um santinho do pescoço torto, um "certinho" exibicionista e intolerante, mas um jovem que estava levando a sério o chamado do Senhor e que não aceitava meias medidas ao responder a seus convites. O testemunho daqueles que o conheceram é concorde:

> *Tinha-se proposto um método de vida bem adequado a um clérigo* [afirma o primeiro biógrafo, padre Caetano Giacobbe], *dividindo as várias horas do dia na oração, no serviço à Igreja e no estudo. E, nas horas reservadas para a Igreja, não abandonava o coro, para estar pronto ao serviço das missas e de outras tarefas eclesiásticas. Quando estava livre dos empenhos, permanecia solitário no coro ou meditava, ou rezava, ou lia algum livro espiritual.*

Observando-o no desempenho das funções sagradas, pelo recolhimento e pela perfeição das sagradas cerimônias, extasiava os presentes a ponto de provocar neles o desejo de imitá-lo... Os seus coetâneos atestam que jamais viram algum clérigo mais diligente, mais zeloso, mais fervoroso e devoto do que ele. "Quando clérigo, declara o seu companheiro Marcos Marchi, estudava dez horas por dia, além das aulas; muitíssima oração, grande penitência, frequentes vigílias. E nas conversas, era alegre e jocoso".

A sua conduta não era cavilosa, farisaica – a qual geralmente brota do orgulho pessoal e procura cobrir o vazio interior ou as próprias inseguranças –, mas era a expressão patente da fidelidade do amor, para o qual até os menores detalhes são importantes.

Nessa primeira instrução, padre Gaspar deixa transparecer seu estilo de vida e algumas ideias básicas, que formam o arcabouço da sua vida espiritual e transmitem também conselhos práticos e úteis para o nosso crescimento pessoal.

1

FIDELIDADE DO AMOR

"Tudo seja feito com honestidade e com ordem" (1Cor 14,40).

Veneráveis irmãos, hoje dou início às instruções espirituais. Encontrar-nos-emos todo mês, no decorrer deste ano. Essas instruções têm por finalidade reforçá-los na vida de piedade.

Parece-me que não há modo melhor de fazê-lo do que com as palavras do apóstolo Paulo, que dizem tudo na verdade: "Cada coisa seja feita com honestidade e com ordem". Entremos logo no assunto, porque é longo o caminho que devemos percorrer, com essa orientação bem segura, para conseguir viver perfeitamente o estado de nossa vocação: "Resta ainda um longo caminho" (1Rs 19,7).

1. "Tudo seja feito"

Meditemos, com atenção, a primeira parte: "Tudo... seja feito" (1Cor 14,40).

Há alguns que não fazem mesmo nada; enterram o talento, como o servo preguiçoso, condenado pelo Senhor (Mt 25,18ss.). Vocês devem cumprir todos os deveres de seu estado: "Tudo". Alguns deveres dizem respeito à sua perfeição pessoal, como a oração, a mortificação; outros se referem à perfeição das pessoas que lhes serão confiadas, como, por exemplo, o estudo. Não devem fazer apenas alguns deveres e deixar de cumprir a maior parte deles; ou então a maior parte, sim, e alguns, não. E nem mesmo fazer os menores e descuidar-se dos mais importantes e pesados ou vice-versa. Não se descuidar das coisas pequenas!

Vamos considerar, para nos convencer ainda mais, o que se diz em matéria de juízo: "Quem é fiel no pouco, é fiel também no muito" (Mt 25,21); e ainda: "Quem despreza as pequenas coisas, logo cairá" (Eclo 19,1). Alguns exemplos nos podem esclarecer: a gota contínua escava a pedra; uma centelha pode provocar um incêndio.

Afirma a Bíblia: "Quem teme o Senhor, não despreza nada" (Eclo 7,18, Vulgata). Essas verdades foram ensinadas por Deus mesmo. Nós as ouvimos tantas vezes. Porém, não basta ouvi-las: é preciso colocá-las em prática! Isso porque são principalmente os fatos ou a experiência que nos fazem perceber os efeitos negativos do descuido das pequenas coisas.

Quantos sacerdotes e clérigos estão no inferno, por causa de um olhar curioso ou por ter começado com uma leve transgressão dos próprios deveres!

2. As consequências: três terríveis "Ai de vós"

Primeiro dano: o cansaço vocacional

"Ai de vós" se começarem a viver descuidados! Pouco a pouco perderão o primeiro fervor: Eu o devo reprovar "porque abandonou o primeiro amor" (Ap 2,4). Então cairão na languidez de espírito: "O meu coração está secando e eu me esqueço de comer o meu pão" (Sl 102,5).

Cairão na tepidez: "Visto que é morno, estou por vomitá-lo de minha boca" (Ap 3,16). Cairão no relaxamento: "Larga é a estrada que conduz à perdição e muitos são aqueles que entram por ela" (Mt 7,13).

Perderão a graça da vocação: "A quem não tem será tirado até o que tem" (Lc 19,26). A graça da vocação é preciosíssima. "O Senhor é minha parte de herança e meu cálice: na suas mãos está a minha vida. Para mim, a sorte caiu em lugares deliciosos, esplendorosa é minha herança" (Sl 16,5-6). "Ninguém pode atribuir esta honra a si mesmo, a não ser quem é chamado por Deus, como Aarão" (Hb 5,4). A vocação é uma série imensa de graças: "O Senhor é o meu pastor, nada me faltará... até que não me tenha conduzido a pastos de ervas verdejantes" (Sl 23,1ss.), isto é, até que não os tenha conduzido definitivamente ao céu. Esta série de graças pode se romper. E para rompê-la, é preciso muito? Não, basta começar a não corresponder: aquela corrente, aquela ligação, aquela série de graças do Senhor, em uma alma que não corresponde, se rompem logo. E então o que acontece? Acontece que as coisas da vocação dão enfado, fastio, pesam (e isto acontece com muitos): com o correr do tempo, ou não fazem, ou fazem malfeito (como tantos). Estejam atentos! Perde-se a própria vocação, como acontece a tantos padres nos dias de hoje.

Segundo dano: a perda da vocação

"Ai de vós!" se começar a dizer: "Oh! Não há necessidade de tantos escrúpulos! É preciso ter liberdade diante das regras. Eu não busco tantas perfeições".

Seria sinal de que não conhecem as exigências de seu estado, que "caminham nas trevas" (Sl 82,5) e que perderam ou estão para perder a graça da vocação, antes a própria vocação.

Terceiro dano: enfado pelas coisas de Deus

"Aí de vós!" "se começarem a apreciar os gozos do mundo: as riquezas, as honras, os prazeres. Seria sinal de que sentem enfado pelas delícias do céu. Para os hebreus desapareceu e não mais apareceu o maná, quando começaram a apreciar os frutos da terra" (Js 5,12).

3. "Tudo seja feito com honestidade"

Reflitamos sobre a palavra "honestidade", sobre o agir com honestidade. Há uma honestidade natural, que é agir com retidão, segundo a luz da razão; e uma honestidade sobrenatural, que consiste em agir com retidão, movidos pela luz da fé.

Há uma honestidade do sujeito que age: interior e exterior; e uma honestidade da própria ação. Agir com honestidade ou retidão implica fazer tudo com espírito verdadeiro, generoso, convicto, vivo, consciente de que as coisas que devem ser executadas com a força do próprio estado são aquelas que Deus quer de vocês e que, executando-as, estão obedecendo a Ele e cumprindo sua vontade.

Esse espírito é indispensável, porque é a alma de toda a ação. Sem este se trabalha em vão: "Labutamos a noite inteira e não pegamos nada" (Lc 5,5). Eu fiz isso, eu fiz aquilo, e não consegui nada! É necessário que cada ação seja orientada por esse espírito. A toda hora digam como aquele Santo: "Dá-me, Senhor, o teu espírito".

Você está na escola e o coração em Deus; está na igreja a serviço e o coração em Deus; canta, senta-se à mesa, passeia, reza, estuda, dorme e o coração em Deus. "O Senhor, teu Deus, junto de ti, é um poderoso salvador. Exultará de alegria por ti, te renovará com seu amor, se alegrará por ti com gritos de alegria" (Sf 3,17).

Se a sua ação for animada por esse espírito interior de honestidade, não faltará a honestidade exterior, isto é, o decoro, a compostura, a seriedade e aquela modéstia religiosa não afetada, que ajuda muito à edificação do próximo. Conforme o Concílio de Trento:

> *Não há nada que arraste fortemente o próximo à piedade e ao culto de Deus, de maneira assídua, quanto a vida e o exemplo daqueles que se dedicam ao ministério divino. De fato, quando as pessoas os veem viver acima das coisas deste mundo, voltam seus olhos sobre eles, como num espelho, e aprendem a imitá-los. Portanto, é absolutamente necessário que os clérigos, chamados ao serviço de Deus, tenham vida e comportamento tais que, no modo de vestir, nos gestos, no caminhar, no falar e em todas as outras coisas, manifestem uma postura grave, modesta e religiosa. Evitem até as leves transgressões, que neles seriam enormes, de modo que as suas ações inspirem em todos veneração.*

Não basta fazer as coisas como as fazem muitos. É preciso fazê- las bem, com grande precisão, como convém à obra de Deus. "Maldito aquele que cumpre as obras do Senhor com negligência" (Jr 48,10). Cristo fez bem todas as coisas (cf. Mc 7,37).

4. "Tudo seja feito com ordem"

Ordem em dar prioridade a certos empenhos e ordem em programar o tempo.

Ordem na prioridade

– Primeiramente, servir a Deus e louvá-lo com a Liturgia das Horas; depois, qualquer outra coisa;

- Primeiramente, a alma, com a meditação e as leituras espirituais; depois, o descanso do corpo;

- Primeiramente, a perfeição espiritual, depois, o estudo.

Ordem nas ocupações

"Acima de tudo esteja a caridade, que é o vínculo de perfeição" (Cl 3,14).

- Primeiramente, o estudo obrigatório; depois, aquele por deleite pessoal;

- Primeiramente, estudar para si mesmo; depois, para os outros;

- Primeiramente, deve-se aprender; depois, ensinar aos outros.

Tantos acólitos desejariam se tornar logo mestres. É preciso elaborar um programa e distribuir com ordem os empenhos. Não se deve fazer as coisas ao acaso. Diz um mestre de espírito: "Fazer as coisas ao acaso é sempre um mal". Um clérigo que vive ao acaso leva uma vida confusa, que facilmente poderá se transformar em má. Oh! Quantos vivem assim! São Basílio anota:

> *Pus-me a observar alguns dos nossos e descobri o que são pelas coisas que fazem. Vi, por exemplo, alguns que fazem certa coisa não porque é o momento de fazê-la, mas porque eles acham que devem fazê-la naquele momento. Assim, em outra ocasião, em que não estão com o mesmo humor, ou não a fazem ou a fazem de qualquer jeito. Estes são religiosos que começam o dia sem saber o que devem fazer, e o terminam sem saber o que fizeram. Por isso, num dia fazem, e no outro não: hoje de um modo e amanhã de outro; uma vez isto e outra vez aquilo; uma vez menos e outra mais; uma vez tudo e outra nada. Jamais do mesmo modo, sem método ou programa, agem de acordo com*

sua volubilidade. Neles há superficialidade e dispersão e, movidos por um espírito inconstante, agem sem ordem.

Uma regra importante para um clérigo do Senhor é conservar bem organizados os seus empenhos. São Bernardo sugere: "Sejam definidos os tempos e distribuídas convenientemente as horas". É preciso estabelecer um primeiro princípio: cada cristão e, muito mais, cada clérigo devem distribuir as horas do dia, de tal modo que não fique nenhum momento vazio, sem uma ocupação. O tempo é um dom precioso; deve-se fazer bom uso dele, construindo para a vida eterna. Porém, vocês não conseguem fazer bom uso, se antes não determinarem os tempos, se não fizerem um horário, um programa do dia. "Sejam definidos os tempos e distribuídas convenientemente as horas".

Fixar o tempo da oração

- Meditação, pela manhã: "De manhã, penso em ti" (Sl 63,7);

- Oração vocal: Liturgia das Horas. "Sete vezes ao dia eu te louvo" (Sl 119,164);

- Leitura da Escritura e dos Documentos da Igreja: "Dedique-se à leitura" (1Tm 4,13). Sagrada Escritura, Vidas dos Santos, livros que tratam da vocação eclesiástica ou da perfeição necessária a quem é chamado e dos meios para atingi-la: como Rodrigues, Scupoli; livros de meditação: *O maná espiritual* de Segneri, ou Spinola.[1]

---

[1] Afonso Rodrigues, jesuíta espanhol, educador (1538-1619), escreveu o livro *Exercício de perfeição*, do qual São Gaspar fez uma edição italiana. Lourenço Scupoli, teatino (1530-1610), nativo de Otranto. Autor de *Combate espiritual*.

Paulo Segneri, jesuíta, orador sacro e escritor italiano (Nettuno, 1624 - Roma, 1694). Renunciou ao ensinamento científico, pediu e obteve uma

– Exame de consciência, toda tarde: "Reflito e o meu espírito vai se interrogando" (Sl 77,7). Examinar-se particularmente sobre o defeito predominante. Além disso: se recitou bem a Liturgia das Horas e as outras orações, se obteve fruto da Eucaristia; se vigiou bem os seus sentimentos; se conservou o espírito da vocação eclesiástica; se suas ocupações e seus descansos foram dignos de um ministro do Senhor.

Fixar um tempo para o estudo

A Adão, antes do pecado, foi entregue o Paraíso terrestre, para que o cultivasse e o guardasse e, assim, fugisse do ócio e não caísse no pecado. "O ócio favorece toda maldade, por isso – frisa o Crisóstomo – Deus ordenou a Adão que trabalhasse e guardasse o jardim do Éden".

A vocês Deus estabeleceu que cultivem as suas mentes como um jardim, para que depois possam produzir, por meio da caridade, frutos de ciência úteis ao próximo e agradáveis a Deus.

Fixar o tempo da recreação

Uma recreação moderada é conveniente a um clérigo: "Filho, usa bem o tempo" (Eclo 4,23), "não se perca nenhuma parte deste bom dom" (Eclo 14,14).

classe de Gramática em Pistoia, onde iniciou também a atividade de pregador. Escreveu: *Panegíricos sacros, Quaresmal, Pregações feitas no Palácio Apostólico, O maná da alma, O cristão instruído, O incrédulo sem desculpas.*

Fábio Ambrósio Spinola, jesuíta (1593-1671), genovês, professor de Filosofia e Sagrada Escritura em Roma, pregador muito solicitado. Escreveu *Pregações Quaresmais e Meditações sobre a vida de Nosso Senhor Jesus para cada dia.*

Fixar um tempo para o sono

Fixar o tempo necessário, não excessivo, para o sono. O sono excessivo provoca a preguiça, o descuido e a pobreza de espírito, que é a pior consequência de todas. Pela manhã, quando se levanta tarde, se sente fraco durante o dia, sem vigor, sem força e à tarde se constata, com pesar, que se perdeu toda a jornada, que não se fez nada. Eis a pobreza de espírito que brota do prazer de ficar na cama.

Deus mandava o maná, de cada dia, antes do sol e quando o sol começava a esquentar, o maná se derretia (cf. Ex 16,21).

5. "Tudo seja feito"

Não nos contentemos em ter conhecido belos projetos ou tê-los na cabeça; também não nos basta nem mesmo um lindo programa escrito. É preciso haver obra, isto é, o programa deve se tornar vida vivida.

> *Quem, pois, quer se convencer das verdades ouvidas* [escreve São Gregório Magno] *se apresse em transformar em obras aquilo de que seu intelecto já teve conhecimento. Os discípulos de Emaús receberam de fato a luz, não tanto escutando a Palavra, mas no momento de praticá-la, quando hospedaram Jesus.*

Não confiemos apenas em bons desejos. São necessários fatos! Fatos! "Procurem, pois, irmãos tornar sempre mais firmes a sua vocação e a sua escolha" (2Pd 1,10).

ORAÇÃO

Agora, na presença de Deus, procure rezar espontaneamente ou com estas palavras:

Senhor, me ajude a colocar o amor acima de tudo.
É o amor que liga entre si todas as virtudes,
em um conjunto harmonioso.
É o amor que faz executar com perfeição cada ação.
É o amor que protege, reforça, vivifica a série infinita
de graças que é a vocação.
O amor é a alma da observação das normas
e da vida comunitária.
O amor é feito de atenção às pequenas coisas,
é feito de minúcias, de pormenores.
Senhor, é estranho,
mas, com o passar dos anos,
ao invés de crescer no amor,
tendo a "afrouxar".
Isto é, a diminuir a intensidade do empenho
e a realizar meus deveres por hábito
ou com relaxamento.
"O amor que arranca os cabelos já desapareceu,
resta apenas algum lânguido afago
e um pouco de ternura", como diz o cantador.
Que as suas palavras sejam uma benéfica sacudida
e que também eu, como você, faça bem cada coisa.

Jesus: "Pense sempre que eu estou ali, do seu lado,
presente em todo lugar,
para ajudá-lo e encorajá-lo,
para lhe inspirar a melhor coisa naquele momento.
Jamais o deixo sozinho.
Eu faço florescer os seus dias
e vitalizo as suas atividades,
se estiver unido a mim.
Faça algo de belo para mim
e eu o farei feliz".

Terapia

- "Fugir dos pequenos pecados. Quem despreza as pequenas coisas logo cairá. São como ladrõezinhos que entram pela janela, para abrir a porta aos grandes ladrões" (*Memorial Privado*, 22/02/1809).
- Viver na presença de Deus. O que fizeres e onde estiveres: tenhas o coração em Deus!
- Respeitar a prioridade dos valores. Fixar o programa do dia.
- Fazer com diligência o exame de consciência.

SEGUNDA INSTRUÇÃO
(MAN. 4457-4462)

INTRODUÇÃO

No mês de dezembro de 1810, perto do Natal, padre Gaspar afronta o tema da acídia ou negligência. Depois de ter recordado o conteúdo da instrução de novembro, como não é alguém que se contenta só com palavras ou com bons desejos, pergunta à queima-roupa: "Vocês colocaram em prática? Eu lhes pergunto antes que o pergunte Cristo". Agrada-nos imaginar que, por alguns minutos, padre Gaspar tenha travado um diálogo com os seminaristas, interrogando se eles haviam traçado o programa das próprias jornadas, se tinham feito com diligência o exame de consciência, quais dificuldades tinham encontrado etc.

"A acídia - diz - é uma tristeza, um enfado, um torpor de mente, tal prostração de ânimo que afasta a vontade de fazer ou de iniciar alguma boa coisa. E isso acontece justamente com as coisas espirituais..." Eis, em poucas palavras, a identificação do vírus que causa a morte do amor.

Padre Gaspar, conforme o seu estilo, busca, nos Padres da Igreja e nos escritos espirituais mais sólidos, as palavras que exprimem aquilo que corresponde ao seu pensamento e à sua experiência espiritual. Gregório Magno e Tomás de

Aquino lhe oferecem as seis divisões, ou filhas da acídia, e umas vinte manifestações dela.

Como complemento, foram acrescentados textos semelhantes, tirados das *Meditações sobre o Livro dos Reis*, que padre Gaspar usou para a meditação dominical de 15 de dezembro de 1811, no seminário. Nessa instrução, apresenta as três fases ou etapas de declínio espiritual:

- do amor exagerado de si mesmo (a *philautia* dos Padres da Igreja) nasce a soberba;

- da soberba, o esfriamento do amor, a acídia;

- e desta se cai na desobediência. É a insubordinação, a não aceitação das normas da hierarquia, o afastamento do corpo da Igreja, causa do triste fim do sacerdote rebelde.

Uma doença grave, quanto mais é escondida e invisível, tanto mais é perigosa. Reconhecer seus sintomas em tempo pode evitar a morte. Examinemos atentamente o nosso espírito, as nossas ações, para ver se estamos infectados por esse vírus letal e insidioso e comecemos a terapia para sarar, antes que seja muito tarde.

Verifiquemos se o nosso amor a Deus e ao próximo está se apagando.

2
AS MANIFESTAÇÕES DA ACÍDIA

"Não nos cansemos de fazer o bem; se de fato não desistirmos, ao chegar o tempo colheremos. Pois enquanto temos ocasião, façamos o bem a todos" (Gl 6,9-10).

No primeiro encontro, eu lhes ensinei com São Paulo que "tudo seja feito com honestidade e com ordem" (1Cor 14,40). Hoje, lhes digo que não devemos nos cansar de fazer o bem, por causa da negligência.

Na Primeira Instrução disse-lhes, com São Paulo, que é necessário cumprir todos os deveres do próprio estado, até os menores, e com verdadeiro espírito eclesiástico, com toda a perfeição exigida, com honestidade e retidão, no tempo apropriado e com ordem. Vocês colocaram em prática? Pergunto-lhes eu antes que o exija Cristo. Ele lhes pedirá conta de forma rigorosa de cada palavra que vocês ouviram ou perceberam. Não se contentem em ouvir com os ouvidos e, muito mais, se empenhem em não esquecer. Se vocês observaram bem, eu os exorto, ainda com as palavras de São Paulo, a perseverar em fazer aquilo que bem começaram: "Não nos cansemos de fazer o bem" (Gl 6,9). Se não o fizeram, não adiem mais. Comecem neste momento! "Pois, enquanto temos ocasião, façamos o bem" (Gl 6,10).

Tanto o parar como o adiar brotam da acídia ou negligência. Por isso os previno contra ela. O ilustre bispo de Verona, Cardeal Agostinho Valier, no seu Libelo ao Clero, ou seja, no apêndice das Constituições Gilbertinas, frisa que, entre os males que afetam o clero veronês, está a negligência. Contra ela, ou antes, contra a sua fonte, que é a acídia, me posiciono nessa instrução. Primeiramente, explicarei o que é a acídia e depois os danos que provoca.

1. O que é acídia

A acídia é uma tristeza, um enfado, um torpor de mente, tal fraqueza de ânimo, que afasta a vontade de fazer ou de começar alguma obra boa. E isso acontece justamente nas coisas espirituais, nas quais estão apoiadas a honra de Deus e a salvação do próximo. Para essas coisas, o acidioso prova aversão. A acídia se contrapõe à alegria espiritual, que nasce do amor e se compraz somente em Deus e nas coisas divinas.

2. As filhas da acídia

Segundo São Gregório Magno, as filhas da acídia são:

- Malícia, isto é, enfado pelos bens espirituais;

- Irascibilidade: indignação contra quem a encaminha ou procura persuadi-la a fazer o bem;

- Medo, para o qual não se aceitam os remédios indicados, que parecem bastante lentos no agir;

- Desespero, desânimo geral, acha impossível atingir o fim e então não se empenha minimamente;

- Indolência, fadiga e cansaço em observar os preceitos;

- Evasão para as coisas ilícitas: afasta-se das coisas espirituais, depois surge o tédio e então se entrega aos prazeres dos sentidos e do mundo.

A estas se podem relacionar todas as outras manifestações de acídia: tepidez; busca dos prazeres; sonolência; ociosidade; contínuo adiamento da conversão e do início do bem; lentidão em prosseguir a obra iniciada; negligência no empenho: que as coisas sejam feitas bem ou mal, pouco importa, desde que se livre do peso do cansaço; abulia ou desânimo, que faz ir de mal a pior; dissolução ou portar-se sem controle; descuido ou superficialidade, isto é, deixar de cuidar de si mesmo, das pessoas, das coisas temporais; desleixo ou indolência, isto é, a estultícia em preferir ficar na miséria, para não se empenhar; falta de profunda vida de oração ou secura espiritual; enfado da vida, que surge de um longo descontentamento em fazer o bem; amargura (esta também deriva da tristeza); desatino mental; tagarelice excessiva; curiosidade e inquietação de corpo e de mente.

- À malícia está ligada a tristeza ou a falta de alegria no serviço divino;

- à irascibilidade, a amargura;

- ao medo, a busca dos prazeres, o adiamento, a tepidez e a lentidão;

- ao desespero, o enfado de vida;

- ao desânimo, a sonolência, a abulia, a dissolução, a preguiça, o descuido ou a superficialidade, a indolência, a negligência;

- à evasão, a dissipação, o desatino, a curiosidade, a tagarelice excessiva, a inquietação e a inconstância.

3. Origem e consequências da acídia

"Amor-próprio, negligência e desobediência".[1]

Destacamos que a primeira, a mais remota e obscura origem do mal seja a soberba. Agora vejamos como ela se torna negligência, ou seja, aquela série de rápidas e insensíveis quedas, com a qual se caminha sem parar até seu desfecho, isto é, a visível queda: a desobediência. Esta é a causa próxima do mau êxito da vida do pastor faltoso. Essas quedas rápidas e sucessivas, em longa série, procedem todas da negligência.

A origem do mal está, pois, na soberba, a fase sucessiva é a negligência e o último passo é a desobediência.

O amor-próprio (ou *philautia*), raiz da soberba, faz logo diminuir o amor de Deus; daquele deriva a negligência. A negligência não sabe amar e, se não se ama, o amor ao bem se torna sempre mais fraco e se chega até o desprezo de Deus. Eis algumas manifestações:

- Acídia, tepidez, negligência, pouco amor do bem de Deus e do próximo.

- Perda da vigilância sobre o coração. Negligências na guarda do coração. Dissipação da mente.

- Perda de vigilância sobre os sentidos do corpo. Distração.

- Falta de cuidado e de prudência. As grandes empresas enviam contra nós os demônios mais potentes. Uma coisa é cair por fragilidade e outra por falta de prudência

---

[1] Para completar o pensamento de São Gaspar, foram colocados aqui trechos das *Meditações sobre o primeiro Livro dos Reis* feitas para os seminaristas (Man. 6.741-6.778, *passim*).

e por negligência. A fragilidade pode ser útil à humildade; a segunda, ao contrário, é danosíssima e prejudica a alma.

- Negligência na vida de piedade e no conservar a ordem dos empenhos, negligência no fugir do mundo e de suas preocupações.

- Negligência na oração.

- Desânimo, indolência: descuidar das pequenas faltas e da grande ascese.

- Busca das distrações, nas quais se deixa envolver pelos ilusórios apelos do mundo e se fica vazio da verdade revelada e inspirada. Então surge a falsa luz ou o brilho dos modelos profanos dos seculares.

- Desregramento: viver sem regras, sem escrúpulos, com fraca custódia dos sentidos; expor-se a qualquer encontro.

- Perda do espírito religioso: assumir o espírito do mundo, não participar de retiros espirituais, deixar os empenhos, a dissipação. Deixar-se envolver nas manobras políticas ou nos negócios mundanos.

- Curiosidade.

- Mergulho nos prazeres carnais.

Os acidiosos superam todos os outros pecadores. Diz o provérbio: "a corrupção de quem é ótimo é a pior". Este é o último degrau; porém, ainda não chegamos ao fundo. Antes, Deus permite os pecados carnais, como tratamento para curar um mal maior: a soberba. Se também este, em princípio mais oculto, não produzir fruto, então se chega ao fundo, à desobediência. "O ímpio, chegando ao fundo, despreza a todos".

ORAÇÃO

Senhor, te declaro que,
lendo as manifestações de acídia,
sinto-me como quando ouço
médicos falando de alguma doença.
Sinto em mim mesmo quase todos os sintomas,
esta é a minha fotografia!

Portanto, o meu amor está se esfriando velozmente.
Se me acostumo ao frio e não esboço reação,
morrerei congelado.
Os pés, as mãos, o nariz se congelarão e surgirá a gangrena.
O frio subirá até o coração e serei despachado.

Uma coisa te peço:
por favor, cura os meus olhos com o teu colírio;
faz-me compreender o meu real estado de saúde,
que eu não me atemorize com minha miséria
e que eu encontre motivações e força para me curar.

E faz-me sarar por ti.
Suplico-te, Senhor,
une-me a ti e me aquece,
e a circulação recomeçará a fluir normalmente.

Terapia

- Começar logo a cura: este é o momento!
- Fazer todas as coisas por amor.
- Atenção! Começa-se a escorregar para baixo muito lentamente, inadvertidamente; por isso "*Age quod agis*: cumprir bem aquilo que se está fazendo".

TERCEIRA INSTRUÇÃO

(MAN. 4.463-4.478)

INTRODUÇÃO

Janeiro de 1811. Esta é a segunda parte da precedente instrução. "Quando o amor morre", assim podemos intitular essa instrução, na qual se fala das consequências negativas na vida de uma pessoa, que descuida de cultivar o amor. O amor não morre de morte natural, mas sim por falta de cuidado, por indiferença, por cegueira, por abandono. O amor exige esforço para poder continuar e crescer. Todo ser vivente está em contínua transformação, seja rumo à maturação, seja rumo à desagregação. Não pode ser bloqueado: seria a morte instantânea.

Nascido do amor, o ser humano se realiza somente quando se torna capaz de amar, de doar, de ofertar, de ter relação construtiva. Este é o projeto de Deus, que criou o homem à sua imagem e semelhança. Se o homem não realizar a própria identidade divina, esvazia a vida e arruína completamente a si mesmo.

O tempo da vida é, pois, como o tempo da gestação, que nos permite completar a maturação no amor, para vir à luz no mundo de Deus. Quem não se matura no seio dessa terra morre; é um aborto.

Todos os seres possuem um escopo estabelecido por Deus, e são eles mesmos que o realizam; "somente o acidioso, a pior de todas as criaturas, falta a seu dever e não quer refletir por que veio ao mundo", diz sem meias palavras padre Gaspar.

Na verdade, o amor exige esforço. A sua maturação reclama um trabalho contínuo, incansável, para completar aquela obra-prima de arte, que é um ser humano.

Com cuidadosa pedagogia, padre Gaspar apresenta modelos a serem imitados. O exemplo dos profetas, dos santos, de Cristo, das criaturas e até dos filhos das trevas nos deve servir de estímulo para começar. A São Paulo foi reservado um espaço particularmente grande. Evidentemente, a sua figura de apóstolo infatigável estava viva no seu espírito e convinha a determinada assembleia de ouvintes, que se encaminhavam para o sacerdócio.

"Se estes e estas conseguiram – dizia Santo Agostinho – por que eu não posso fazê-lo também?"

3
DANOS DA ACÍDIA

"Maldito aquele que faz com negligência a obra de Deus" (Jr 48,10).

1. A acídia desagrada a Deus

O empregado negligente, que esconde o talento na terra, é punido:

> *Tirem dele, pois, o talento e deem a quem tem dez talentos. Porque a quem tem será dado e terá em abundância; mas a quem não tem, será tirado até o que tem. E o empregado preguiçoso, lancem-no fora, nas trevas, onde haverá choro e ranger de dentes* (Mt 25, 28-30).

"Maldito aquele que faz com negligência a obra de Deus" (Jr 48,10). A figueira que não produz fruto será cortada: "Já são três anos que venho buscar frutos nesta figueira, mas não os encontro. Cortem-na. Por que deve ainda explorar a terra?" (Lc 13,6-7).

Diz Jesus: "Toda árvore que não produzir bons frutos será cortada e atirada no fogo" (Mt 7,19). O acidioso não imita Deus no agir. Deus Pai trabalha sempre (Jo 5,17), Ele é puro ato.

2. A acídia agrada ao demônio

O demônio entra na casa vazia com sete espíritos piores que ele e aí se estabelecem (Mt 12,44s.). Encontram-na vazia de boas obras e de santos desejos e a enchem de obras más e de pensamentos indecorosos. Diz o Evangelho, em outro episódio, que os demônios pediram a Cristo que os deixasse entrar nos porcos (Lc 8,32). Na verdade, só isto fazem: divertir-se nos prazeres, como os acidiosos.

Mas o homem é o templo de Deus, como diz São Paulo: "Vocês não sabem que são templo de Deus?" (1Cor 3,16) e "nós somos o templo do Deus vivo" (2Cor 6,16). A acídia transforma o templo do homem de Deus em estábulo, em um imundo covil de demônios.

3. A acídia prejudica o próprio acidioso

O acidioso perde o bem preciosíssimo do tempo, dom que Deus concede aos homens, para que conquistem a glória eterna. No entanto, ele gasta o tempo a serviço do demônio. Por isso diz a Bíblia: "Não dê aos outros a sua honra e os seus anos à gente cruel", isto é, ao diabo - como interpreta a Glosa (cf. Pr 5,9).

Para o acidioso, o tempo nunca passa e lhe provoca enfado. Porém, Ben Sirac afirma: "Filho, não perca tempo e guarde-se do mal" (Eclo 4,20). O tempo, para o acidioso, é algo de pouca importância. São Bernardo afirma: "Não há coisa mais preciosa que o tempo; mas, ai de mim! - hoje nada é julgado de tão pouco valor".

O acidioso não leva em conta a brevidade do tempo. Está escrito no Livro de Jó: "Os dias do homem estão contados" (Jó 14,4) e "os meus dias estão mais velozes que uma lançadeira" (Jó 7,6).

Atesta ainda São Bernardo: "O tempo voa irremediavelmente e o estulto não sabe o que está perdendo". Não sabe que, nesses poucos dias de vida, se pode conquistar um bem infinito, Deus, e escapar das penas eternas. O preguiçoso não pensa no bem que perde, nem no mal que vai encontrar.

4. As consequências negativas nessa vida

A acídia leva a uma extrema miséria espiritual e material. "No outono, o preguiçoso não ara, e, na colheita, procura, mas nada encontra" (Pr 20,4). "Os projetos do homem trabalhador trazem lucro, mas os de quem é preguiçoso levam à indigência" (Pr 21,5).

O acidioso consome em pouco tempo a riqueza espiritual e temporal e depois se prostra num estado de necessidade e não encontra ninguém que lhe dê alguma coisa, porque foi um vagabundo.

A acídia leva ao aviltamento.

Quando alguém perde a riqueza, tanto espiritual como material, passa a ser considerado uma pessoa sem valor. No ano de 1500, em Veneza, um sacerdote era estimado enquanto levava uma vida santa, mas, depois, buscando os prazeres carnais, se desonrou e foi condenado à decapitação. Os ricos do mundo são muito honrados, mas se, por um golpe do destino, caem na miséria, perdem a estima. Também em nossos dias, pudemos ver muitos terminarem dessa forma. "Quem armazena no outono é previdente; quem dorme na colheita passa vergonha" (Pr 10,5).

A acídia causa tristeza.

Quando uma pessoa, que antes era rica e honrada, se encontra pobre e desprezada, só tem de se entristecer pela própria indolência, que a reduziu à miséria. Sofre com a pobreza, com a desonra, com a mesma tristeza que sempre acompanha o acidioso: "Como a traça na roupa, como o cupim na madeira, assim a tristeza corrói o coração" (Pr 25,20).

A acídia abre as portas aos vícios e aos demônios.

Pela tristeza que sente, não tendo diálogo com as pessoas, o acidioso aceita todas as tentações do inimigo e comete inúmeros pecados, envolvido como está de pensamentos vãos e maus desejos.

> *Passei perto do campo de um preguiçoso*
> *e pela vinha de um homem insensato:*
> *eis que em tudo haviam crescido urtigas,*
> *o terreno estava coberto de espinhos*
> *e os muros estavam em ruínas* (Pr 24-25,30-31).

Urtigas e espinhos são os pensamentos fúteis e vãos, desejos maus e nocivos, que continuamente pungem e afligem a alma infeliz do acidioso, refúgio preferido do demônio. Por isso é necessário arrancar continuamente os maus brotinhos que surgem no campo de nosso coração e também podar os sarmentos supérfluos e inúteis da videira; cultivar a nossa alma, com o sacramento da penitência e com a meditação, que tão pouco agradam ao acidioso.

A acídia leva à perda dos bens futuros.

A acídia tira a capacidade de resistir com força aos nossos inimigos e, em seguida, nos faz perder a vida da graça e da glória. Sansão nos oferece o exemplo. Era forte, mas, adormecendo nos braços de Dalila, foi feito prisioneiro (cf. Jz 16,1ss.). Da mesma forma, Isbaal foi morto pelos inimigos, que entraram sem ser notados, enquanto ele e sua porteira dormiam na hora mais quente do dia (2Sm 4,5ss.).

A mesma coisa acontece conosco. Enquanto dormimos nos pecados por causa da acídia, entram os demônios e nos tiram a vida da graça e da glória, glória que será dada a quem está vigilante: "Felizes aqueles empregados que o patrão, ao seu retorno, os encontrar ainda acordados; em verdade lhes digo, ele se cingirá, os fará sentar-se à mesa e os servirá" (Lc 12,37).

A acídia faz o homem se tornar a pior e mais inútil de todas as criaturas inteligentes, ou irracionais ou sem alma. Todas as criaturas, sem demora, realizam a função designada a elas pelo Criador. Não falamos dos Anjos, que são fiéis até nas mínimas coisas, mas dos santos e dos amigos de Deus, que muito se empenham em servir ao Senhor.

5. Os modelos a serem imitados

Entre os patriarcas recordamos Abraão. Este, por amor a Deus, deixou a pátria, os parentes, os amigos; tornou-se peregrino em terra estrangeira e não lhe faltaram tribulações; mas sempre serviu ao Senhor com solicitude. Quando hospedou os três Anjos, fez tudo com prontidão (cf. Gn 18,6). Comenta Orígenes: "O velho corre, Sara se apressa e logo vem o filho: na casa do sábio, não há lugar para lerdeza".

Recordemos Moisés. Tamanho foi seu esforço que mereceu uma repreensão do sogro, pois se empenhava além de suas forças (cf. Ex 18,13ss.).

Pensemos no cansaço de Josué, Gedeão, Sansão etc. Davi, por exemplo, na sua juventude, se empenhou sempre em defender o povo de Deus, como está no Salmo: "Estou infeliz e oprimido pelas fadigas desde minha juventude" (Sl 88,16). Isso prefigura as fadigas de Cristo.

Quem poderá narrar o cansaço dos santos do Novo Testamento: virgens, confessores, mártires, apóstolos, evangelistas e outros?

São Paulo diz: "Trabalhei mais que todos" (1Cor 15,10). "Eu sofro a ponto de estar acorrentado" (2Tm 2,9). Na Segunda Carta aos Coríntios, capítulos 11 e 12, Paulo se gloria do sofrimento e das fadigas enfrentadas. Enfim, Cristo: "Cansado da viagem, sentou-se junto ao poço" (Jo 4,6).

Os homens se cansam empenhados nos negócios do mundo. Quantos sofrimentos enfrentam os negociantes e mercadores, por terra e por mar, no calor e no frio, com o fim de obter uma pequena e incerta recompensa terrena.

Artesãos, agricultores e operários devem enfrentar duras jornadas e noites insones, suportar chuva, desconforto, cansaço, a fim de ganhar um pedaço de pão para viver. Quantas fadigas e riscos afrontam os ladrões, os adúlteros, os bandidos, para conseguir seus intentos perversos!

Também os animais se cansam, para executar fielmente o que Deus lhes determinou. Os pássaros, no tempo designado, transmigram para outras regiões e, conforme as estações, preparam os ninhos nos lugares indicados pela natureza; os animais selvagens buscam as cavernas; as abelhas depositam o doce mel nos favos; as formigas, no verão, procuram e recolhem o alimento para o inverno (cf. Pr 6,6ss.). Cada animal executa com diligência a sua tarefa.

As árvores e as ervas, no tempo determinado, produzem folhas, flores e frutos, conforme a própria espécie. O sol, a lua, os planetas, as estrelas e os outros corpos celestes se movem ordenadamente, sem que um atrapalhe o outro;

fazem suceder as estações e influem maravilhosamente na natureza (marés, desenvolvimento da semente...), tudo como foi estabelecido por Deus. Obedecem fielmente a seu Criador.

Somente o acidioso, a pior de todas as criaturas, não cumpre seu dever. Que vergonha! Deixa-se superar por todas as criaturas e nem deseja refletir por que veio ao mundo. O fim é agir nesta vida presente, para poder descansar eternamente no Reino dos céus. Diz a Bíblia: "O Senhor Deus tomou o homem e o colocou no jardim do Éden, para que o cultivasse e o guardasse" (Gn 2,15). Se o homem devia fazer isso antes do pecado, quanto mais depois, quando Deus lhe disse:

> *Maldita seja a terra por tua causa!*
> *Com sofrimento dela tirarás o alimento para todos os dias de tua vida. Espinhos e cardos produzirá para ti e comerás a erva dos campos. Com o suor do teu rosto comerás o pão* (Gn 3,17-19).

Se fomos agravados por Deus com tantas fadigas, se devemos arrancar espinhos e abrolhos, seja da terra de nossos campos, seja da terra de nossa corrompida natureza humana, como é possível que o acidioso consuma o seu tempo sem agir bem?

6. O exemplo do Apóstolo Paulo

O apóstolo Paulo, plenamente cônscio da vontade divina e da necessidade de agir bem, não só se empenhava mais que os outros em pregar, escrever às pessoas distantes, consolar os aflitos, confortar os fracos; em padecer fome, frio, perseguições e outras tribulações, como também trabalhava com as próprias mãos para ganhar o pão de cada dia. "Nós nos esfalfamos trabalhando com nossas mãos" (1Cor 4,12).

> *Vocês sabem como devem imitar-nos: nós não ficamos sem fazer nada, quando estivemos entre vocês, nem pedimos a ninguém o pão que comemos; pelo contrário, trabalhamos com fadiga e esforço noite e dia, para não sermos um peso para nenhum de vocês. Não porque não tivéssemos direito a isso, mas porque nós quisemos ser um exemplo para vocês imitarem. De fato, quando estávamos entre vocês, demos esta norma: quem não quer trabalhar, também não coma* (2Ts 3,7-10).

"Irmãos, vocês ainda se lembram dos nossos trabalhos e fadigas. Pregamos o Evangelho a vocês, trabalhando de dia e de noite, a fim de não sermos peso para ninguém" (1Ts 2,9). "Vocês sabem que estas minhas mãos providenciaram o que era necessário para mim e para os que estavam comigo" (At 20,34).

Por isso Paulo podia exortar os outros na fadiga e confortá-los: "Junto comigo, participe também dos sofrimentos, como bom soldado de Jesus Cristo" (2Tm 2,3), e: "Quanto a você, seja vigilante, suporte o sofrimento, faça o trabalho de anunciador do Evangelho, realize plenamente o seu ministério" (2Tm 4,5).

Ó infeliz acidioso, que desculpa você pode dar se o acusam a Escritura e todas as criaturas? Suplico-lhe, tome consciência da sua perigosa situação, porque "o homem nasceu para o sofrimento" (Jo 5,7), e não para o descanso. Pense nos danos futuros e não mereça, por um momentâneo descanso, padecer sofrimentos e tormentos, sem esperança de prêmio. Agora é o tempo de fazer o bem a todos (Gl 6,10). Assim poderá descansar para sempre.

ORAÇÃO

Bendito sois vós, Senhor da vida,
que operais sempre
e acompanhais, com vossa Providência carinhosa,
as vossas criaturas.

Também a chuva e a neve
descem do céu e para lá não voltam
sem antes ter fecundado a terra
e ter cumprido o que lhes haveis ordenado.

Porém, quando nós homens,
com a nossa liberdade,
impedimos a realização de vosso desígnio,
acontecem calamidades.

Para nós surgem miséria, desonra, tristeza,
devastação, eterna infelicidade.
Fazei-me compreender
que o bem que devia ter feito e não o fiz
cria um vazio de amor,
que ninguém
jamais preencherá.

A vida que me concedestes
é uma cadeia de ocasiões
para poder fazer o bem:
que eu não enterre o vosso talento.

Vós vindes procurar algum fruto doce,
entre tantas folhas
com as quais me envolvo:
que vós possais encontrar bons e abundantes frutos.
Impressiona-nos ver que os filhos das trevas
enfrentam enormes sacrifícios,
arriscam-se a ir para a cadeia e ser mortos,
contanto que consigam seus perversos escopos.
Dai-me a mesma coragem
e a mesma constância
para me colocar ao serviço de vosso Reino e do amor.

TERAPIA

- Imitar os santos.
- Meditar e confessar.

QUARTA INSTRUÇÃO
(MAN. 4.479-4.497)

INTRODUÇÃO

Fevereiro de 1811. Padre Gaspar inicia a apresentação das diversas expressões da acídia: a negligência, a inconstância e a indolência.

Considera, em primeiro lugar, a negligência, que resume mais ou menos todos os comportamentos viciosos, de quem abandona a via do amor e passa a se arrastar pesadamente numa vida de inconsequência, sem convicção e sem vivacidade.

Com o passar do tempo, em nossos relacionamentos com os outros e com Deus, lentamente aparecem a rotina e os gestos; o que antes havia dado tanto gosto à nossa existência, se transforma em ações apagadas. É a fase das missas distraídas, das meditações esquecidas no minuto seguinte, das confissões rotineiras, sem empenho de mudar... Tudo pesa e, por isso, constantemente se olha o relógio, a fim de ver quanto tempo falta para o fim do incômodo.

Nessas primeiras instruções, padre Gaspar repete um estribilho: "Maldito quem faz a obra de Deus com moleza, com negligência" (Jr 48,10). Trata-se de expressão bastante forte.

O amor é uma obra de arte jamais terminada e exige ser continuada, cada dia, com criatividade. Toda a ligação de amor, para ser duradoura, precisa de cuidados, e devemos dedicar muita atenção para enfrentar todas as ameaças.

Padre Gaspar, no seu *Memorial Privado*, nos convida a meditar sobre a morte e sobre o tempo, que corre veloz, para viver com diligência e intensidade o tempo que nos resta: "Aproveitem o tempo presente (Ef 5,16). O tempo não volta mais. É preciso, pois, empregá-lo com grande diligência" (MP, 24/07/1808).

> *Meditação sobre a morte. O passado não existe mais, o futuro ainda não. Somente existe o presente. Viver o dia a dia, ou melhor, da manhã até o meio-dia e do meio-dia à tarde, fazendo cada ação com a perfeição possível. Talvez não tenha mais tempo para glorificar a Deus* (MP, 17/09/1808). *Revendo o Scupoli e lendo a* Imitação de Cristo: *sentimentos de conseguir a perfeição e de combater qualquer negligência* (MP, 17/12/1808).

A inconstância nas próprias escolhas é uma característica negativa que quase todos nós temos. Principalmente no campo espiritual ela é deletéria, porque não existe conquista sem a virtude da constância. É interessante a observação de padre Gaspar sobre a inconstância, sempre válida, também para os não mais jovens: "Muitos, sobretudo jovens, perdem a paciência, que é indispensável para a vitória completa sobre si mesmos; e, assim, se deixam vencer pelas situações, que colocam à prova sua inconstante fortaleza" (MP, 24/08/1809).

A indolência é o vício que leva literalmente à despreocupação e, por isso, provoca uma regressão até o ponto de perder todas as riquezas espirituais e humanas.

4
SEM ENTUSIASMO

"Quem descuida a própria conduta caminha para a morte" (Pr 19,16).

1. Negligência

"Escrever as mesmas coisas não é pesado para mim e é útil para vocês" (Fl 3,1). "Maldito quem cumpre a obra de Deus com indolência" (Jr 48,10), isto é, com negligência, assim exclama o profeta Jeremias. A negligência consiste em terminar logo o que foi iniciado, de qualquer modo, sem a preocupação se foi bem ou mal, contanto que termine o peso da tarefa.

Caem nesse vício todos aqueles que não suportam a fadiga, e quando lhes é solicitado um compromisso, o executam de qualquer modo; não gostam de ouvir a Palavra de Deus; confessam de forma estereotipada, sem contrição e sem um diligente exame de consciência; realizam tudo com enfado e, para se eximir de esforço, pouco fazem pela própria salvação e pela dos outros, e menos ainda para o serviço e a glória de Deus, a quem demonstram pouca reverência.

Deus os exorta e os chama, mas eles desprezam as inspirações. Como se lê sobre os convidados ao banquete de casamento do filho do Rei, Jesus fala-lhes em parábola:

> *O Reino dos céus é semelhante a um rei, que preparou um banquete de casamento para seu filho. Ele mandou seus empregados*

> *chamar os convidados para a festa, mas estes não quiseram ir. De novo mandou outros empregados, dizendo: eis que já preparei o banquete, os bois e animais gordos já foram abatidos e tudo está pronto; venham, pois, para a festa. Mas os convidados não deram a menor atenção; uns foram para seu campo, outros foram para os próprios negócios e outros agarraram os empregados, bateram neles e os mataram. Indignado, o rei mandou suas tropas, que mataram aqueles assassinos e puseram fogo na cidade deles. Em seguida, o rei disse aos empregados: "A festa de casamento está pronta, mas os convidados não foram dignos; vão até as encruzilhadas dos caminhos e convidem para a festa todos os que vocês encontrarem". Então os empregados saíram pelos caminhos e reuniram todos os que encontraram, maus e bons, e a sala da festa ficou cheia de convidados* (Mt 22,1-10).

Diz, pois, o Evangelho: "Ele mandou seus empregados chamar os convidados para a festa de casamento, mas estes não quiseram vir".

Orígenes comenta: "Primeiramente foram chamados os melhores, aqueles capazes; infelizmente eles não quiseram vir, por causa de dificuldades".

> *De novo mandou outros empregados dizendo:*
> *eis que já preparei o banquete;*
> *os bois e os animais gordos já foram abatidos,*
> *e tudo está pronto; venham para as núpcias.*
> *Mas eles não deram a menor atenção.*

Segundo Santo Hilário, os bois gordos são a imagem gloriosa dos mártires. Os animais engordados são os homens espirituais. São Gregório Magno, comentando esse texto, apresenta alguns exemplos.[1]

[1] São Gregório Magno apresenta os exemplos das três irmãs de seu pai: Tarsila, Gordiana e Emiliana, que se consagraram ao Senhor. Porém, Gordiana, pouco a pouco, retornou à vida mundana, casou-se com o feitor de seus campos:

> *Por que estes convidados não deram atenção? Por que preferiram ir para seu próprio campo, para o comércio ou viver no prazer do descanso ou nas riquezas? Foram embora para se preocupar com as próprias coisas; nestas encontraram mais satisfações que nas propostas pelo rei. Ainda que pareçam motivações plausíveis, disto aprendemos que, mesmo que sejam necessárias as coisas de que nos ocupamos, a todas devemos antepor as espirituais. Porém, me parece que os convidados, com esses pretextos, estavam encobrindo a própria negligência.*

2. O Juízo de Deus

> *Indignado, o rei mandou suas tropas, que mataram aqueles assassinos e puseram fogo na cidade deles. Em seguida, o rei disse aos empregados: "A festa de casamento está pronta, mas os convidados não foram dignos; vão até as encruzilhadas dos caminhos e convidem para a festa todos os que vocês encontrarem".*

Diz o Senhor: "Eu venho logo! Segure firme o que você tem, para que ninguém tome a sua coroa" (Ap 3,11). Padre Segneri faz uma profunda reflexão: "Aqueles que se comportam como os primeiros convidados demonstram não ter o temor de Deus". Ao invés, "quem teme o Senhor, de nada descuida" (Eclo 7,18), isto é, não deixa de lado nada daquilo que é bom, como se fosse algo supérfluo; e não despreza aquilo que é mau, como se fosse uma bagatela, uma coisa sem importância.

Não está escrito "deixa pra lá", quase por indolência, a fragilidade, mas não se importa com o que quer dizer: deixa a vida correr por negligência. O negligente, portanto, não só deixa a coisa correr, isto é, omite-se em relação ao

"Muitos são os chamados e poucos os escolhidos". Outro exemplo é o do monge Teodoro, que, após uma vida religiosa relaxada, no momento de morrer, foi arrancado da goela do demônio pelas orações dos monges de sua comunidade e, tendo sarado, mudou definitivamente de vida.

bem maior, como também deixa de lado, por negligência, aquilo que deve fazer.

"Quem descuida da própria conduta morrerá" (Pr 19,16), porque a negligência nem sempre é mortal, contudo prepara para a morte, por causa da carência de espírito e de base.

Não diz: Quem teme o Senhor não pratica nada de mal, porque todos nós falhamos em muitas coisas, mas de nada nos descuidamos. Isso porque quem teme a Deus sabe que o mal - em si e em seus efeitos - não é algo desprezível, ao contrário, cumpre com maior diligência tudo o que agrada a Deus. Se de fato os homens cumprem o próprio trabalho com diligência, para não perder a estima de algum soberano deste mundo, com quanto maior diligência farão cada coisa os que temem perder a graça do Rei celeste!

Quem teme o Senhor de nada descuida em si mesmo e nos próprios irmãos, mas os corrige ou adverte o superior, a fim de que ele intervenha prontamente e com discrição, não para irritar alguém, mas para corrigi-lo.

3. Inconstância

A inconstância consiste em jamais levar a termo o bem começado. Cada um de nós deve fugir desse vício, mais que da morte. A morte, de fato, priva o homem da vida presente, mas para os justos, enfim, a morte é também o fim de todas as tribulações: "Ainda que morra prematuramente, o justo encontrará repouso" (Sb 4,7).

A inconstância, ao invés, priva o homem do prêmio da vida eterna, porque somente àqueles que perseveram até a morte na prática do bem é prometida a eterna salvação.

"Quem perseverar até o fim, será salvo" (Mt 10,22), isto é, quem perseverar com paciência.

No texto original grego, se diz: "Quem tiver suportado perseguições e adversidades"; "até o fim", até o fim da perseguição e da vida; "aquele" somente quem perseverar até o fim; "será salvo", receberá a salvação, a felicidade e a glória eterna, quase como prêmio e coroa pela perseverança; "até o fim da vida". Não é suficiente resistir e ter vencido uma, duas ou três vezes; para conseguir a coroa, é necessário resistir e vencer até o fim: "Seja fiel até a morte e eu lhe darei a coroa da vida" (Ap 2,10).

É preciso, pois, perseverar até a morte, de modo a não fraquejar justamente nesse momento. Se uma pessoa se dedicasse a fazer o bem todo o tempo e perto do fim da vida deixasse de fazer o bem ou de continuar praticando boas obras, ainda que por uma hora só, não lhe adiantariam para a vida eterna todas as boas obras do passado. De fato, seremos julgados conforme formos encontrados no último instante. Nenhuma obra é agradável a Deus, se não for sustentada até que seja concluída.[2] São Bernardo comenta:

---

[2] O texto de Gaspar Bertoni continua: "Até a conclusão da obra". Para tanto, Deus, no Antigo Testamento, queria que, nos sacrifícios, lhe fossem ofertados, juntamente com a gordura, a cauda do animal sacrificado (Lv 3,9: "gordura e cauda"), para demonstrar que o bem começado agrada a Deus só quando se leva até o fim. Rodolfo (Rodolfo di Biberach, franciscano e autor místico, morto em 1326, escreveu *Os sete itinerários da eternidade*) comenta: "A cauda, visto que é a parte final do corpo, é símbolo do perseverar e completar as obras boas e santas. Somente do sacrifício da ovelha Deus dá este preceito: se a sua oferta de sacrifício de comunhão para o Senhor for ovelha" (Lv 3,6). Fala assim porque, na realidade, os simplórios e os preguiçosos (retratados pelas ovelhas) são inconstantes. Não se diz isso dos sacrifícios de cabras - isto é, dos pecadores penitentes - ou de bois, ou daqueles que se empenham em converter-se. Estes, vendo o fruto das fadigas deles, se armam de grande vontade, se esforçam e criam coragem para enfrentar as próprias fadigas. Também São Gregório Magno escreve: "Como prescreve a Lei, no sacrifício deve ser oferecida a cauda da vítima. A cauda é

Sem a perseverança, quem combate não alcançará a vitória, nem quem vence obterá o prêmio. A perseverança cumpre ações que merecem um prêmio e o favorecem; é irmã da paciência, filha da constância, amiga da paz, fomento de amizades, vínculo de concórdia, defesa da santidade. Se não houver a perseverança, verá que a obediência não recebe recompensa, a ação caritativa fica sem a justa paga, a fortaleza sem a glória. Somente ela é recompensada com a eternidade, ou melhor, recompensa o ser humano com a eternidade, como diz o Senhor: "Quem perseverar até o fim será salvo" (Mt 10,22).

4. O exemplo de Cristo

Por isso Cristo, nosso Mestre, desprezando a honra que lhe fora ofertada, aceitou todo tipo de desprezo, como diz a Carta aos Hebreus:

Deixemos de lado tudo o que nos atrapalha
(o que nos impede de caminhar e correr)
e o pecado que nos envolve
(os maus desejos e os pecados),
corramos com perseverança na corrida,
mantendo os olhos fixos (para nos armar de coragem)
em Jesus, autor e consumador da fé
(porque nos faz ver as coisas ensinadas para crer,
ensinando e dando a fé).
Em troca da alegria, que lhe era proposta,
ele se submeteu à cruz; desprezando a vergonha,
ele se assentou à direita do trono de Deus.
(No lugar da alegria ou ausência da dor,
escolheu ser desprezado, como diz a versão no grego;
ou "não foi impedido pela ignomínia de conseguir
a glória prometida pelo Pai".)
Pensem atentamente naquele que suportou contra si
tão grande hostilidade por parte dos pecadores,
para que não se cansem e não percam o ânimo (Hb 12,1-3).

a extremidade do corpo e disso se deduz que pratica uma perfeita imolação quem apresenta o sacrifício da obra boa até o fim do ato que deve fazer".

Jesus não quis descer da cruz, preferiu antes morrer nela a impedir a obra iniciada de nossa redenção (Mt 27,42ss.), para nos demonstrar quanto detesta o vício da falta de constância, ruína de todas as boas obras.

5. Indolência

A indolência consiste em agir com lentidão e em regredir, passando do bem ao mal e do mal ao pior. O indolente começa as boas obras com fervor e depois, pouco a pouco, esmorece e perde tudo. Esse vício torna a pessoa vazia e serva de outros.

Torna uma pessoa vazia

"A mão preguiçosa empobrece, o braço trabalhador enriquece" (Pr 10,4). "O braço trabalhador", em hebraico, se diz "o braço dos diligentes", os quais cuidam com atenção até das mínimas coisas e não perdem nenhuma ocasião de se ocupar de algo.

Alguns traduzem assim do hebraico: "Empobrece quem age com mão enganosa, com mão trapaceira", é um modo de dizer que quem é preguiçoso, em seu dever, procura, com artifício, se apossar das coisas alheias; nesse sentido, na *Vulgata,* se diz: "Quem se apoia sobre mentiras, alimenta os ventos. Nutre-se de vento e acompanha os pássaros no voo", isto é, das ilusões.

"Nutre-se de vento", porque não consegue atingir o que deseja, baseando-se em um fundamento inseguro e falso. As mentiras nada têm de sólido, mudam continuamente a fisionomia e, quando são descobertas, nenhuma vantagem trazem a quem as arquitetou, ao contrário, lhes causam grande dano.

"E acompanha os pássaros no voo", isto é, se cansam em vão. "A mão dos diligentes enriquece" os que, com empenho e constância, se ocupam das próprias coisas e se mantêm distante daquelas dos outros.

"A mão preguiçosa gera pobreza". Quem não se esforça é também um indigente. O preguiçoso se torna pobre - afirma Santo Ambrósio -, quer tenha nascido pobre, quer tenha nascido rico: em todo caso, brevemente cai na penúria e na miséria. Os prêmios são dados a quem é incansável, a quem não é ocioso, a quem não dorme. O pagamento se dá a quem labuta.

"A mão dos diligentes produz riqueza". De fato, o homem forte e diligente acumula riquezas temporais e espirituais e as conserva; porém, o vagabundo e o indolente, que passam do bem ao mal e do mal a pior, não só não acumulam riquezas, mas também, aos poucos, pela sua preguiça, perdem até o que tinham e se tornam escravos dos vícios.

Torna o homem escravo dos vícios

"A mão trabalhadora dos fortes obtém o comando; aquela do preguiçoso irá para o trabalho forçado" (Pr 12,24). "A mão trabalhadora dos fortes obtém o comando": o empreendimento, a força de ânimo, as fadigas da luta levam à glória e ao comando.

"A mão dos diligentes - o hebraico diz dos laboriosos - consegue o comando", porque busca as riquezas e a autoridade. Isso significa, no campo moral, que quem é diligente nos empenhos espirituais domina a sensualidade e consegue o domínio de si mesmo. E a fim de que ninguém pense que as dificuldades de uma vida empenhada sejam por demais grandes, a Bíblia dos Setenta traduz: "A mão dos diligentes facilmente consegue o comando". Então os fortes, os diligentes, os laboriosos, com sua força e perspicácia, conquistam riquezas, comando e autoridade. Os indolentes, os vagabundos e os preguiçosos ficam submissos às pessoas fortes e ativas e se tornam seus servidores. E, assim, as pessoas laboriosas, após a fadiga, passam a gozar as riquezas que amontoaram, vivem em paz com a contribuição e os esforços daqueles que lhes estão sujeitos. Os preguiçosos, ao invés, por causa de sua poltronaria, ficam submissos às pessoas ativas e, por causa do ócio e da inércia, são obrigados a enfrentar a fadiga, que tinham evitado, para poder saldar débitos e tributos para com as pessoas laboriosas. Quem se esforça goza o seu justo descanso, e os ociosos ficam sujeitos às fadigas; este é exatamente o preço delas e o justo castigo do ócio e da inércia.

6. Alguns exemplos da história

Os romanos, com sua força, conquistaram o império e dominaram a maior parte da terra. O mesmo aconteceu com os gregos, os assírios, os persas e os germanos. Ao contrário, aqueles que se chafurdaram nos prazeres, no luxo e no ócio perderam seu império, foram escravizados e obrigados a pagar tributos. Por exemplo, Sardanapalo,[3] por causa do luxo e da preguiça, perdeu o Império Assírio, conquistado anteriormente com a força de Nino.[4] Baltasar, devido ao seu banquete, perdeu o reino da Babilônia, que Nabucodonosor havia construído com sua habilidade. Dario, pelo luxo e

[3] Sardanapalo, último rei da Assíria, vivia como mulher, tinha hábitos femininos, ocupava-se com trabalhos de mulher, entregando-se à gula e à luxúria.

[4] Nino, mítico fundador de Nínive e do Império Assírio, marido de Semíramis.

ócio, perdeu o reino dos Persas, fundado por Ciro com sua força; Quilpérico,[5] devido à sua devassidão, perdeu o reino dos Francos, criado por Faramondo[6] com seu poderio.

"A mão do preguiçoso servirá com os tributos." A tradução do hebraico da Bíblia dos Setenta diz: "Os malvados cairão na ruína". Pagnini[7] comenta:

> *"A mão malvada deverá pagar os débitos". A mão malvada é indiretamente contrária à mão forte, porque a mão forte é laboriosa; a mão malvada, ao invés, é ociosa e preguiçosa. Aquilo que a mão laboriosa obtém com seu próprio esforço, o mesmo a mão malvada procura obter com trapaças e fraudes, mas engana a si mesma e se ilude na esperança, visto que Deus abençoa os laboriosos, condena os malvados e, descobertos os enganos, faz com que percam os bens, que haviam conseguido trapaceando, por ação dos juízes, ou dos soldados, ou dos ladrões.*

Caetano[8] assim traduz: "A fraude levará à derrocada". Como a neve se derrete e desaparece, assim as riquezas, conquistadas com fraude, uma vez descobertas, são tomadas e desaparecem (Pr 10,4).

No campo espiritual é ainda mais verdadeiro, diz respeito ao domínio e à escravidão espiritual. Como afirma Dionísio, o Areopagita, "aqueles que são fortes nos atos de virtude, em geral têm preferência diante dos irmãos, e dominam até o apelo dos sentidos e das paixões".

---

[5] Quilpérico I, rei dos francos (539-575), era glutão, luxurioso e cruel.

[6] Faramondo, herói lendário dos francos, suposto fundador dos merovíngios, viveu na primeira metade do século V.

[7] Pagnini Sante, dominicano (1470-1536), nasceu em Lucca, recebeu o título de Pregador Apostólico. Vinha traduzindo a Bíblia, a partir dos textos originais, mas a morte o impediu de terminar o seu trabalho.

[8] Tomás Jacó de Vio era chamado o Caetano porque nasceu em Gaeta. Foi, bispo, cardeal (1469-1534). A sua obra mais importante é o *Comentário à Suma Teológica de Santo Tomás*. Escreveu também comentários sobre a Escritura.

Sêneca[9] diz: "Procura a glória? Mostrar-lhe-ei grande império a ser conquistado: domine a si mesmo". Aqueles que, ao contrário, são preguiçosos e lerdos, nas obras de virtude, serão cobertos de pecados e se tornarão escravos do príncipe das trevas. O maligno exige deles o pagamento das taxas com a tentação e eles devem dar continuamente sua contribuição ao mal; por isso, serão enviados ao cárcere infernal, onde deverão pagar um tributo eterno de penas e dores.

Esse é o motivo pelo qual a mão preguiçosa gera pobreza e escravidão, pois, agindo com negligência, favorece os vícios, que nascem da tepidez; primeiramente enfraquece os bons hábitos virtuosos, que antes se apoiavam nas virtudes, agora fortemente agrilhoadas pelos vínculos de preguiça, a mão preguiçosa fica sujeita a seus inimigos, isto é, aos vícios. Nesse sentido, com sabedoria o poeta Próspero[10] narra sobre um rei corrompido por prazeres:

Ainda que tenha um reino interminável,
é um escravo muito pobre
porque a sua mente, subjugada por um tirano carnal,
é mantida escrava de tantos senhores quantos são os vícios.

Segundo Alvarez de Paz,

As ações feitas com tepidez e preguiça causam estes danos: não aplacam a Deus, causam náusea aos anjos e aos santos, provocam risos e desprezo dos demônios, não conseguem levar a termo o que estão fazendo; aumentam cada vez mais a dificuldade em praticar o bem, gastam o tempo sem fruto algum.

---

[9] Sêneca, filósofo, nasceu em Córdova, pelo ano 4 a.C. Estudou em Roma. De saúde frágil, vegetariano, morou em Pompeia e no Egito. Exilado na Córsega, por ser acusado de adultério, foi obrigado a se envenenar no ano 65. Era o escritor mais fecundo da Antiguidade: tragédias, epigramas, sátiras e escritos filosóficos. São Jerônimo cita-o frequentemente e coloca-o entre os santos.

[10] Próspero Tiro de Aquitânia, poeta, escritor eclesiástico, nasceu no Sul da Gália, pelo ano de 390, e faleceu no ano de 460.

Fujamos, pois, da lerdeza e procuremos ser rápidos e solícitos em servir ao Senhor.

ORAÇÃO

Senhor, estou sem ânimo.
Por que será que, depois dos primeiros passos de entusiasmo,
as pernas se tornaram tão pesadas?
Caminho tropegamente,
arrastando os pés transformados em chumbo.
Desejaria tudo sem fadiga e logo.
Jogo na vida como um teleguiado
procurando continuamente, aqui e lá,
o que não me enfada e não me empenha.

Mas esta não é a regra do crescimento.
Como um aeróstato
que ficou sem o fogo de alimentação,
estou perdendo altura
e eu nada faço
para reacender a chama e subir para o alto.
Descuido de suas inspirações
com as quais me convida
a me mexer, a fazer as coisas com diligência e constância.

Deixo-me levar pela comodidade.
Digo a mim: "Por que voar para o alto
como a gaivota Jonathan?
O bando voa baixo e se contenta!".
Também eu me contento com o mínimo,
mas estou me arriscando a ficar sem combustível
e a parar antes de chegar
ao posto de serviço.
Senhor, dá-me o fogo.
Jesus: "Filho, eu tenho uma coisa a reprovar:
você perdeu o seu fervor anterior.
O fogo deve ser alimentado continuamente.
Antes que a sua mecha fumegante se apague,
Atice-a um pouco por vez com cuidado, com palha,

pedaços de papel e raminhos secos.
Persevere e verá que o fogo arderá de novo.
Quem é fiel no pouco
será fiel também no muito".

Terapia

- Expressar pequenos gestos de amor para com quem está perto.
- Elevar repetidas vezes o espírito com breves orações.
- Procurar terminar as atividades iniciadas.

QUINTA INSTRUÇÃO
(MAN. 4.498-4.519)

INTRODUÇÃO

Março de 1811. Guiar em estado de embriaguez é desastroso. O automóvel é um perigo para a vida do motorista, para a vida dos outros passageiros e para aqueles que se encontram ao longo do mesmo percurso.

O acidioso, escreve São Gaspar citando os Padres, por causa do torpor espiritual, perde o controle da própria vida e se torna como uma nave que perdeu o leme, ficando à deriva na tempestade. A vida, não mais vigiada e não guiada pela razão e pela vontade, é agitada pelos instintos. Transcurando a prudência e a atenção previdente, o acidioso deixa desguarnecidas as portas do coração e os vícios desenfreados se tornam donos, atirando o espírito no remoinho das confusões e na mais completa anarquia. Então a alma se torna insensível e, portanto, indiferente diante dos piores males.

A indiferença do acidioso é comparável à estupidez de quem não percebe os perigos, porque perdeu a sensibilidade diante do mal e não enfrenta as situações perigosas com a coragem e os sacrifícios necessários. A apatia conduz ao esfacelo, porque não toma as decisões necessárias. O acidioso não tem convicções profundas, nem bases firmes; enfim, com nada se preocupa.

Não aceita os sábios conselhos da prudência: é como um barco furado, que perde tudo, e, como uma nave sem comando, se deixa transportar por qualquer vento de doutrina. O resultado é que o acidioso acaba ficando vazio, exausto, sem forças e sempre triste. Os músculos do espírito se atrofiam por falta de exercício. Chega-se à paralisia espiritual, que impede de praticar boas obras, atos de caridade e de misericórdia, e de acolher a ajuda da graça.

Ainda é possível sair dessa situação ou não há mais nada que fazer? Padre Gaspar sugere três meios.

- É necessário lançar a âncora, isto é, confiar em Deus e permanecer firme no propósito de continuar o caminho espiritual;

- armar-se de constância e coragem ante as adversidades, que podem durar longo tempo;

- unir-se a Deus com as três cordas: fé, esperança e caridade, a fim de conseguir força de vida espiritual e energia para a ação: a fé é fundamento sólido contra todo o vento de erros; a esperança na glória prometida dá força nas tribulações; a caridade, isto é, o amor derramado em nossos corações, impede a ruptura da comunhão com Deus que acontece com o pecado.

5

SEM LEME

(MAN. 4.498-4.519)

"Sede fortes na luta e combatei" (da Liturgia).

1. Devassidão

A devassidão consiste em deixar tudo correr às soltas, sem controle algum. Incorrem nesse vício todos aqueles que, diante da dificuldade em bem se comportar e em escolher uma regra de vida, desanimados, enfim, de poder se governar, não confiam na divina misericórdia, se abandonam e se entregam completamente sem resistência alguma. Deixam-se arrastar como nave sem guia. Assim, do infeliz "devasso" se pode dizer: "Será como um que dorme no meio do mar como um nauta adormecido que perdeu da mão o leme" (Pr 23,34).

O texto hebraico diz: "Como um que dorme enquanto está no alto ou em cima da árvore mastro", isto é, no ponto de vigia elevado, de onde se podem ver eventuais piratas ou escolhos, ou outros perigos, para avisar os navegantes. Se de fato ele dorme, expõe ao perigo todos os marinheiros, e também a si mesmo, e corre o risco de despencar lá do alto. Da mesma forma acontece com o dissoluto que dorme por embriaguez ou por descuido. O termo hebraico *dissoluto* significa uma e outra coisa.

2. Perigo de naufrágio

O homem é comparado à nave. Comenta Lirano:[1] "Como o capitão se coloca na popa da nave para dirigi-la, assim a razão e a mente presidem ao corpo e ao homem para dirigi-lo, como diz Platão". Portanto, continua o venerável Beda, a nave é o corpo, o marinheiro é a mente, o leme é a razão, o juízo, a prudência, que a embriaguez (ou dissolução) arrebata, leva à ruína.

Conforme Santo Ambrósio, como aquele que dorme no mar é sacudido violentamente pelo ímpeto dos ventos, pelas tempestades e pelas ondas do mar, que ora parece subir até as estrelas, ora descer até o abismo, assim o ébrio ou o dissoluto é lançado para o alto e para baixo pela tempestade dos fantasmas e dos desejos.

Como o marinheiro que dorme deixa a nave bater contra escolhos, ela se vira e afunda, assim o ébrio (dissoluto) se deixa envolver por muitas desventuras e perigosas situações, até afundar nelas como um louco; por isso frequentemente causa ruína a si mesmo, às suas coisas e se condena.

Ainda, acrescenta Crisóstomo, como os marinheiros durante a tempestade procuram aliviar a nave e atiram ao mar até mercadorias muito preciosas, assim o ébrio (dissoluto) joga fora e dissipa os dons mais preciosos: o espírito, a vocação. Como de fato lá se jogam as mercadorias, também aqui se joga fora todo tipo de bens que se

---

[1] Lirano (Nicolau di Lira), exegeta franciscano, nasceu em Lyre (Normandia), no ano de 1270, e faleceu em Paris, em 1349. Mestre de Teologia em Paris, conhecia perfeitamente o hebraico. É chamado *doctor planus* ou *utilis*, porque expôs clara e brevemente o sentido literal da Escritura.

encontrem no ânimo: a modéstia, o pudor, a prudência, a mansidão, a humildade. Nos abismos da iniquidade, essa embriaguez atira tudo.

Como aquele que dorme sobre a nave, estando a razão adormecida, não percebe os piratas e os perigos mortais, por isso não está em condição de se prevenir contra eles, assim igualmente o ébrio (acidioso) deixa a razão adormecer, se afogar, e não se defende contra os inimigos que lhe assediam o corpo e a alma, mas se oferece a eles como presa. Quando o marinheiro dorme e não está em condição de dirigir o leme, deixa-o solto ou perde-o, a nave termina nos baixios, nos bancos de areia, ou contra os escolhos, isto é, no rumo de um inevitável naufrágio. Dessa forma, a nave com o marinheiro e todos os que nela navegam são submersos e perecem. Do mesmo modo, o ébrio provoca naufrágio e arruína a si mesmo e às suas coisas.

Em primeiro lugar, a acídia provoca o afundamento da razão, submerge-a como quando perdeu e afundou o leme. São absorvidos a vontade, a fantasia e todos os sentidos, até que o corpo todo caia na ruína. A seguir há o naufrágio da esperança, da castidade, de toda a dignidade, da sabedoria e das virtudes. Os marinheiros são as forças e as potências da alma, o timoneiro é a vontade; os marinheiros de proa, isto é, guardas e guias da nave, são a mente e a razão.

3. Interpretação espiritual

Na interpretação espiritual, os marinheiros são as virtudes internas, o timoneiro é a caridade, os navegantes são as virtudes externas, sobretudo a modéstia e a compostura nos comportamentos e nos gestos. Todas essas coisas, por causa da embriaguez (acídia, devassidão), como que jogadas ao mar, vão ao fundo e se perdem.[2]

São Gregório Magno apresenta uma interpretação diferente:

Quem dorme no meio do mar é a pessoa que, assediada pelas tentações deste mundo, não se preocupa em prevenir os impulsos dos vícios, que surgem como ondas altas e violentas. Assim o marinheiro perde o timão, isto é, a mente descuida da própria obrigação de guiar a nave do corpo. Portanto, perder o timão significa não manter o empenho de vigiar em meio às tempestades desta vida. De fato, se o marinheiro segura firme e com atenção o timão, ora pode guiar a nave enfrentando as vagas no lado certo, ora vence o ímpeto dos ventos recebendo-os obliquamente. Assim, quando a mente guia alguém que vigia, algumas situações pode afrontar superando-as, outras de maneira previdente as evita e, assim, lutando vence as batalhas presentes e se reforça na previsão das batalhas futuras.

4. Insensibilidade perigosa

"Bateram-me, mas não senti dor; arrastaram-me, mas permaneci insensível" (Pr 23,35). Hugo de S. Vítor comenta:

O marinheiro adormeceu e perdeu o governo dos remos, isto é, o cuidado da vigilância; dorme no meio do mar, isto é, na vida presente; e as vagas, isto é, as preocupações e os múltiplos desejos, o fazem afundar. A nave, pois, é a alma, a razão é o guia, o timão é a vigilância. Primeiramente me atacaram os demônios com as tentações, as ilusões, que são os flagelos espirituais; mas não senti dor, não os senti e os ignorei. Arrastaram-me depois para os vícios do mundo, para os laços da vaidade e do prazer, mas permaneci insensível. De fato, cada pecador, como ébrio do vinho do prazer, tem totalmente morto o sabor do coração e não sente nem mesmo as feridas espirituais, nem os prazeres do coração.

---

[2] Os Setenta traduzem: "Permanecerás no profundo do mar, como um marinheiro sem o timão, em grande tempestade".

Portanto, quem dorme no meio da tempestade está mais perto do perigo do que aquele que está acordado; da mesma forma, quem não sente as feridas da consciência está mais em perigo do que quem as percebe. Por isso São Jerônimo, escrevendo a Heliodoro, diz:

> *"Você erra, meu irmão, você erra redondamente se pensa que um cristão não sofre continuamente perseguições. Movem contra você uma guerra ainda mais encarniçada, quando pensa que não será combatido. O nosso adversário ruge como um leão, anda ao redor procurando uma presa para devorar"* (1Pd 5,8), *e você fica pensando que está em paz? Ele "está de tocaia atrás de abrigos para matar de surpresa o inocente; escondido como um leão em sua caverna, vai observando com os olhos o infeliz e está atento para atacar o pobrezinho". E você fica a dormir placidamente à sombra de uma árvore frondosa,*[3] *para se tornar sua presa?*

E logo em seguida acrescenta:

> *As águas, calmas como num lago, lhe sorriem: apenas a superfície do elemento adormecido é encrespada pelo vento. Mas na verdade esta grande planura possui as suas asperezas, mantém escondido o perigo, conserva o inimigo no seio. Preparem as cordas, levantem as velas. A cruz do navio seja fixada sobre as suas frontes: esta aparente bonança é uma tempestade!*

De fato, como a nave se encontra em grande perigo, quando o timoneiro está adormecido e o timão caído na água, assim a alma do devasso, que se deixou levar, sem o governo de si, dificilmente poderá melhorar, a não ser que seja amparada pela graça divina. Porque o devasso é volátil como o pó, que é transportado por qualquer vento de tentações: "Como

---

[3] Cf. Virgílio (Geórgicas II, 470).

palha que o vento espalha" (Sl 1,4). O vento - diz Lorin[4] - é o diabo, que seduz com a falsa doutrina. O homem devasso é levado à ruína pelos espíritos malignos, porque se deixa transportar por qualquer vento de doutrina.

5. Como um vaso trincado

O devasso não consegue reter em si as coisas boas, sendo como um vaso trincado, que deixa escorrer o que nele contém. "O interior do insensato é como um vaso quebrado, não pode conter nenhum conhecimento" (Eclo 21,14).

A Bíblia coloca em confronto o estulto e o sábio, afirmando que a mente do sábio é como uma fonte de vida, da qual jorra água de doutrina salutar e vivificante; ao contrário, a mente do estulto é como uma bilha quebrada, que não pode reter nenhum sábio conselho - que lê ou que ouve -, por isso deixa-o perder, como se perde a água de uma ânfora quebrada.

Há quatro tipos de pessoas, mediante a sabedoria. Algumas são como esponja, que absorve e retém líquidos de qualquer fonte. Outras são como pipa furada, que recebe água de uma parte e a perde de outra e o que recebe deixa escorrer. Outras ainda são como uma taça que, mesmo se deixando encher de vinho, retém a borra. Muitos, enfim, como os recipientes dos vendedores de ervas ou cereais, que conservam também a casca, mas em repartições distintas:

[4] Jean de Lorin, exegeta jesuíta, nasceu em Avinhão, morreu em Roma, no ano de 1575. Ensinou Teologia e Sagrada Escritura em Paris, Milão e Roma. Converteu muitos judeus. As suas obras exegéticas, ainda que prolixas, foram muito apreciadas e tiveram diversas edições.

em cima, deixam as escórias ou a casca e, em baixo, recolhem o pó triturado ou a farinha.

6. As consequências de uma vida depravada

O devasso cai em profunda miséria, a tal ponto que se pode atribuir-lhe aquele dito de Isaías: "Olhará para o alto e volverá o olhar sobre a terra, e eis então angústia, trevas e desoladora escuridão" (Is 8,21-22).

Por assim dizer - comenta, Sanchez[5] - quer olhe para o céu, no alto, ou embaixo, para a terra, o devasso encontrará e verá somente tribulação, trevas, tristeza e miséria, falta de ânimo no corpo e na alma, e em todos os lugares angústias, que o perseguem e não pode evitar. De fato, no alto, um céu fechado e Deus desgostoso; embaixo, a terra ocupada por inimigos em toda parte.

Ah! Mísero devasso, sempre triste e privado de toda a graça! É verdadeiro o que se lê no livro dos Provérbios: "A alma do dissoluto está enfraquecida", isto é, descuidada, preguiçosa, sonolenta. Os que não querem fazer esforço se debilitam no ócio e não ganham nada, nem procuram nada para viver.

No campo espiritual, os que não querem praticar atos de caridade, de misericórdia, de orações, de piedade, de paciência etc. são envolvidos por um torpor e uma sonolência, que os tornam ineptos e incapazes de qualquer obra boa e, principalmente, se privam da graça, das consolações e de todos os dons espirituais. O mesmo afirma Beda, recolhendo de São Gregório, Hugo, Dionísio e de outros autores.

---

[5] Pedro Sanchez, jesuíta (1528-1609), espanhol, foi um dos primeiros missionários no México. Escreveu o *Livro do Reino de Deus e do caminho pelo qual se alcança*.

7. Quem dorme não pega peixe

Fílon faz esta reflexão:

Deus mostra aos homens como a fadiga está no começo de todo bem e de toda virtude, e sem a fadiga não pode existir bem algum para os seres humanos. Quem evita a fadiga evita também os bens. Quem, ao invés, com paciência e fortaleza, enfrenta duras provas, corre ao encontro da felicidade.

Mais claramente, sobre o mesmo assunto, escreve São Gregório Nazianzeno: "Os grandes homens se empenham com grandes esforços para seguir a virtude, guiados e orientados pela razão". Assim diz Crisóstomo:

Caríssimos, cansemo-nos por pouco tempo, para não sermos privados dos bens eternos. O tempo de fadiga é breve, enquanto o descanso dura por infinitos séculos. Onde maior for a fadiga, maior será a satisfação. Quem tem prudência, enfrenta a fadiga com boa vontade, em vista dos frutos, que assim consegue.

São Gregório Magno acrescenta:

Aos preguiçosos, por isso, é preciso recordar com energia o que frequentemente acontece quando não se quer fazer no momento certo o que está em nossa possibilidade; em seguida, quando o quisermos fazer, não seremos mais capazes. De fato, a mente inoperante, até que não seja aquecida por justo fervor, é desviada de desejar o bem e, sem perceber, é sufocada pelo torpor que cresce.

Por isso, justamente, foi dito por Salomão: "A preguiça provoca o sono" (Pr 19,15). Na verdade, o preguiçoso tem clara percepção e está meio acordado, mas, ao agir, cai no torpor. Diz-se que a preguiça provoca o sono, certa sonolência, porque, pouco a pouco, se perde a consciência da clara percepção, quando se descuida de praticar o bem. Justamente se acrescenta: "E alma sem freio passará fome"

(Pr 19,15). De fato, visto que a alma não se dirige decisivamente para as coisas superiores, se perde indolente nas baixezas, procurando satisfazer todos os desejos; e, como não se impulsiona com força para o empenho das coisas sublimes, se torna presa da fome das baixas paixões. Quem descuida de se dominar, com disciplina, pelo desejo dos prazeres fica fraco como um faminto.

Por isso, de novo, pelo mesmo Salomão foi escrito: "Todo ocioso vive de desejos". E da boca da mesma Verdade, disse Jesus Cristo: "Tendo saído o demônio, a casa é considerada limpa, mas, quando retorna, traz consigo outros sete espíritos piores e a casa vazia é ocupada e sua situação se torna pior que antes" (Lc 11,24ss.).

8. Âncora: Confiança em Deus

> *Ai dos devassos de coração, que não confiam em Deus; porque não serão protegidos por Ele* (Eclo 2,15).

É como dizer: ai dos descuidados e dos tépidos, que preguiçosa e friamente se aproximam de Deus e não acreditam, nem confiam firmemente nele - no tempo da prova vacilarão. Ai daqueles que - por causa do ímpeto das ondas furiosas da tribulação, rompidas as amarras da fé e perdida a âncora da esperança - redemoinham náufragos. Deus, de fato, não protege aquele que o esquece, o abandona e o deixa rodopiar nas ondas e afundar.

A esse propósito, recordamos São Francisco Xavier,[6] que, enquanto viajava para o Japão, o demônio, de todas

[6] São Francisco Xavier (1506-1552), sacerdote jesuíta, espanhol, foi companheiro de estudo de Inácio de Loyola e, com ele, um dos fundadores da Companhia de Jesus. Partiu como missionário em 1541 para a Índia e o Japão. Morreu, aos 46 anos, na ilha de San Chão, debilitado pelas fadigas. O seu corpo está em Goa.

as formas, tentava impedir ou retardar a sua viagem, porque este previa que ele iria alcançar muitos frutos e, por isso, provocava mil empecilhos, para diminuir a fé e a fortaleza de Xavier. O santo, percebendo, por inspiração divina, que essa tentação e os empecilhos provinham do demônio, resistiu com todas as forças e permaneceu firme no seu propósito. Assim, com a ajuda de Deus, superou todas as dificuldades e deu início a uma Igreja que hoje nós vemos com alegria gloriosa pelas virtudes heroicas e pelo martírio de tantos fiéis. Xavier dizia que tinha aprendido, pela experiência, que, diante das coisas difíceis, iria produzir grande messe de almas. O demônio, prevendo esse fruto, tentara livrar-se dele e fazê-lo morrer já no início, seja com inimigos externos, seja incutindo no homem apostólico sentimentos de temor e de desconfiança. E, por isso, naquelas situações, deve se preocupar apenas em permanecer bem firme, confiar em Deus e persistir com constância no propósito. Agindo assim, certamente Deus ajudará para que sejam percebidos claramente e superados todos os obstáculos do demônio. Portanto, não se deve ter medo de nada e nenhum desânimo.

9. Constância e coragem

Os devassos, enfim, são medrosos de coração e sem firmeza de caráter, porque perdem a concentração, quando as adversidades se prolongam: encontra-se no coração, de fato, a sede principal do caráter, da vida, da esperança e da coragem. É justamente nele que está a raiz do sentimento, do movimento e da vida. Por causa do medo, o vigor e a força de ânimo diminuem, assim também, por afinidade, aqueles sediados no coração tendem a desaparecer. Aristóteles atribui essa causa à palpitação do coração:

O coração, direi, quase só no homem, entre os animais, palpita porque só o homem é movido pela esperança e pela expectativa do futuro. Na esperança, a audácia se fortifica e se revigoram o coração e a alma; na desconfiança, ao contrário, pelo medo e pela fraqueza, se afrouxam, se diluem, se enfraquecem.[7]

10. As três cordas: fé, esperança e caridade

No simbolismo, três são as cordas com as quais a alma está ligada a Deus, como ao seu coração, do qual retira toda a força de vida espiritual e de comportamento: a fé, a esperança e o amor.

A fé ajuda a alma a não ser arrastada por qualquer vento de erro. A esperança dá firmeza no tempo da tribulação.

Justificados, pois, pela fé, nós estamos em paz
com Deus, por Nosso Senhor Jesus Cristo;
por Ele temos acesso à fé,
a esta graça na qual nos encontramos e nos gloriamos,
na esperança da glória dos filhos de Deus;
não só, mas também nos gloriamos nas tribulações,
sabendo que a tribulação produz a paciência,
e a paciência produz a virtude comprovada,
e a virtude comprovada a esperança;
a esperança, pois, não engana, porque o amor de Deus
foi derramado em nossos corações por meio do Espírito Santo
que nos foi dado (Rm 5,1-5).

O amor de Deus impede que a alma seja arrastada para a morte pelos pecados, em consequência do apego à carne e ao mundo. Se essas amarras se soltam, escoa-se todo o vigor da alma; e se desfaz, desse modo, a fé por causa da dúvida,

[7] Plínio afirma: "São chamados de ferozes os animais que têm o coração rígido e duro, audazes os que têm o coração pequeno, medrosos os que têm um coração grandíssimo. Em proporção maior o têm os ratos, a lebre, o asno, o veado e todos os animais tímidos ou os malvados por medo (a pantera, a fuinha, a hiena)".

a esperança por causa da desconfiança, a caridade pela tepidez e pelo torpor. Terríveis são as consequências, como diz o Eclesiástico: "Ai de vocês que perderam a perseverança" (Eclo 2,14), isto é, a paciência, a longanimidade, a capacidade de resistir por longo tempo à espera da libertação. Sem dúvida, aqueles que abandonaram o caminho certo, pela fraqueza, devido à continuidade da tribulação, desviaram-se também por más vias. No texto do Eclesiástico, fala-se propriamente dos hebreus perseguidos por Ptolomeu, entre os quais, muitos, pela duração da prova, perderam a paciência, a esperança e, enfim, a fé e trocaram o judaísmo pelo mundo pagão. Aludindo a isso, Paulo exortava os hebreus a suportarem a perseguição que sofriam por causa da própria conversão de fé em Cristo: "Não percam a coragem, à qual está reservada grande recompensa" (Hb 10,35). Santo Isidoro conclui:

> *O prêmio é prometido não a quem começa, mas a quem persevera, como está escrito: "Quem perseverar até o fim, este será salvo"* (Mt 10,22). *A nossa relação de amor agrada a Deus, quando levamos ao término o bem que havíamos começado. De fato, está escrito: "Ai de vocês que perderam a paciência, a perseverança"* (Eclo 2,14), *isto é, não terminaram a boa obra. "E o que farão vocês, quando o Senhor vier lhes pedir contas?"* (Eclo 2,14). *Visitar significa pedir contas, julgar.*

ORAÇÃO

Senhor, ajude-me, estou perdido!
Lentamente deixei-me dominar pelo sono.
E, sem perceber, perdi o controle de mim mesmo
e estou me afogando.
Coloquei-me imprudentemente
em situações perigosas
e agora me encontro ao sabor da tempestade.

As paixões, os sentidos e os desejos se desencadearam
e eu perdi as riquezas do espírito
e da minha vocação,
a prudência, a mansidão, a humildade,
o pudor e todas as virtudes.
A minha vontade foi quebrada,
estou sem energia, a minha mente está obtusa
e a razão enlouqueceu, como uma bússola
que perdeu o ponto básico, a Estrela Polar.
Perdi, Senhor, o sentido de pecado:
Tornei-me insensível
ao mal e às suas consequências.
Enfim, deixo a vida correr.
Não evito mais os perigos.
Sou como uma folha que o vento leva para cá
e para lá, e não sei escutar os sábios conselhos
de quem me ama. Senhor, não consigo reagir. Salve-me!
Não me abandone.
Dê-me um sinal de sua presença junto a mim,
estenda a mão enquanto eu afundo,
para que eu a agarre e me sinta seguro:
o Senhor é a minha âncora.
Dê-me o seu amor, para que não ame mais
do que ao Senhor as coisas tão atraentes do mundo.
Conceda-me a graça da perseverança e da paciência
para superar toda tentação de desalento.
Muito obrigado, Senhor.

Terapia

- Começar a fazer algo de bom e, depois, perseverar.
- Buscar disciplina e empenho constante.
- Não se deixar abater pelas dificuldades e pelo medo.
- Permanecer firme na confiança em Deus.

SEXTA INSTRUÇÃO
(MAN. 4.520-4.537)

INTRODUÇÃO

A experiência nos ensina que o amor não se desenvolve espontaneamente, mas deve ser cultivado com cuidado, como um campo, como uma árvore frutífera, como um jardim. Se estes forem descuidados, definham, adoecem, são cobertos de parasitas ou ervas daninhas e se destroem. O mesmo se dá com a saúde, quando há abusos, imprudências, exageros, antes ou depois se paga caro.

São Gaspar, na instrução do mês de abril de 1811, apresenta aos acólitos três atitudes ou modos de viver que ameaçam seriamente o relacionamento de amor com Deus, com os outros e consigo mesmo: o descuido, a indolência e a falta de uma empenhada vida de piedade. Esses três comportamentos acidiosos comprometem a vitalidade do amor e levam a pessoa à autodestruição.

Com superficialidade não se valorizam as inúmeras ocasiões que a existência oferece para enriquecer e fortalecer o amor.

> *O homem, me disse um sacerdote, é como uma cédula de 100.000 liras. Se é colocada em uma gaveta, não vale nada e lentamente se desvaloriza e, depois de certo tempo, se torna só papel velho. Quanto mais se coloca em circulação, mais ganha valor.*

Descuido e indolência são o fechar-se no escuro de uma gaveta. Madre Teresa de Calcutá dizia que os outros são uma ocasião para amar.

Nós somos livres para aceitar ou recusar as ocasiões de amar. Porém, a liberdade exige empenho e responsabilidade; reclama sempre um preço. Não é possível amar, sem que a conquista do amor nos imponha renúncias. Devemos sair do egocentrismo, isto é, vencer a força da gravidade que nos atira para a prisão do nosso "eu".

Cada vez que amamos, certamente conquistamos liberdade. Camus dizia: "A liberdade nada mais é do que a ocasião de melhorar". Quem se contenta com a escravidão ou chora as cebolas do Egito tem medo da liberdade, é de fato abatido pelas dificuldades do caminho no deserto rumo à terra prometida.

"Os animais na jaula engordam, diz São Gaspar, porém as pessoas na jaula apodrecem". Para conservar a saúde, as pessoas precisam se mover ao ar livre, praticando esporte, trabalhando e fazendo exercícios. Para estar bem espiritualmente, a pessoa precisa de exercícios espirituais, de práticas de piedade, de obras de caridade em favor do próximo.

São interessantes as observações anotadas no seu *Memorial Privado*, sobre a preguiça e o mau uso do livre-arbítrio:

> *Os desejos matam o preguiçoso, porque, não os colocando em prática, dilaceram a alma com remorsos e geram a sua condenação* (MP, 16/10/1808). *Se o êxito da nossa salvação dependesse somente de Deus, ninguém se condenaria. Mas como depende também da nossa cooperação, e quando esta não existe, então tantos se perdem* (MP, 22/02/1809).

Para nos encorajar a uma decidida fidelidade ao amor, pensamos no coração, recordamos as palavras de Jesus mostrando que, desde agora, podemos gozar o privilégio do amor: ter Deus dentro de nós e não provar a morte: "Se alguém me ama, observará a minha palavra e nós viremos até ele e faremos morada junto dele", e: "Se alguém guarda a minha palavra, jamais verá a morte".

6
AS OCASIÕES DO AMOR

"Se alguém guarda a minha palavra, jamais verá a morte" (Jo 8,51).

1. Negligência

Indolência é o vício de quem não cuida de si e de suas coisas. A pessoa superficial não se preocupa com as coisas espirituais, nem mesmo com aquelas materiais; não está interessada em adquirir algo de novo, nem em conservar o que possui e, assim, pouco a pouco, se encontrará de mãos vazias. "Há necessidade de tanta virtude para conservar as coisas conquistadas, como é necessário para adquirir novas". Infeliz o desleixado que, pela pouca preocupação demonstrada para consigo mesmo, gradativamente cairá em grande ruína, tanto de bens materiais como de bens espirituais, aos quais dá pouca importância. E mesmo que receba de Deus graças abundantes, permanece sempre carente por culpa de sua negligência. "Miséria e vergonha para quem rejeita a correção, honra para quem observa a repreensão" (Pr 13,18).[1]

A pessoa superficial permanece pobre e confusa, visto que não valoriza nem as coisas espirituais, nem aquelas materiais, para não criar preocupações. Pobre e confusa, ela vai

[1] Outros traduzem do hebraico assim: "Pobreza e ignomínia recusam a instrução". A Bíblia dos LXX traduz: "A disciplina afasta a pobreza e o desprezo".

abandonando cada vez mais os bons ensinamentos e nem mesmo percebe que está caminhando para a ruína.

Na verdade, com muita frequência, as pessoas que vivem na miséria e na degradação, que enfim nada têm a perder, nem o pudor, nem riquezas, se degradam e levam uma vida sem regras, sem religião, sem respeito às leis, tanto que, na realidade, se pode dizer que os que vivem na miséria são também os mais devassos. Antigo é o dito: cada terra nutre qualquer um que a cultive.

2. Desleixo ou indolência

No vício do desleixo caem aqueles que preferem ficar na miséria a se esforçar um pouco.

> *O estulto cruza os braços,*
> *e consome a si mesmo dizendo:*
> *Mais vale um bocado com lazer*
> *do que dois bocados com fadiga* (Ecl 4,5-6).

Outra estultícia da vida humana é aquela de homens bastante preguiçosos: preferem morrer de fome a trabalhar. Inoperantes e com as mãos cruzadas sobre o peito, nada fazem e ficam nervosos por causa da fome, mas não se envergonham de dizer que essa mísera condição lhes agrada mais do que a outra muito mais feliz, que poderiam alcançar com cansaço e esforço.

Esse estranho tipo de vida, que citamos anteriormente, e que não pode haver outro mais insulso, por contraposição nos empurra para a ação mais que outra ordem peremptória ou correta determinação.

"O estulto se consome", isto é, devora as mãos. Devorar as mãos significa passar por uma miséria tão extrema que o leva a devorar, por assim dizer, os próprios dedos e chupar as mãos.

Outros acham que a atitude de roer as mãos indica a queixa e a tristeza da alma, com que o preguiçoso se atormenta, porque sofre pela falta de tudo ou por inveja dos que têm de tudo. Horácio canta: "O invejoso se destrói pelas riquezas dos outros".

3. Liberdade de escolha

Os preguiçosos, para não se afadigarem um pouco, não se importam de morrer de fome do corpo e do espírito. Como são infelizes! Preferem padecer as penas infernais pela eternidade a carregar por certo tempo a cruz da penitência nesta vida. "A vida e a morte, o bem e o mal estão diante dos homens; o que cada um escolher lhe será dado" (Eclo 15,17). E eles escolhem a morte antes que a vida, preferem o mal ao bem, para não se afadigarem um pouco. "No início Deus criou o homem e o entregou ao poder de suas próprias decisões" (Eclo 15,14).

Santo Agostinho, na passagem retirada do tratado *Graça e Liberdade*, explica:

> *Eis, vemos aqui expresso, na maneira mais evidente, o livre- arbítrio da vontade humana. E o que significa o fato de que Deus ordena em tantas passagens a observância e o cumprimento de todos os seus preceitos? Como o pode ordenar, se não há o livre-arbítrio?*
>
> *Deus criou o homem livre.*
> *Se você quiser, observe os preceitos*
> *e mantenha sua fidelidade para sempre*
> *àquilo que lhe agrada* (Eclo 15,15).

Livre, sim, mas não a tal ponto de que ele se afaste, se livre da Providência e, como um asno selvagem sem lei alguma, permita-se degradar; Deus, porém, como sumo condutor, legislador, rei, senhor, juiz e fiador, ao homem propôs as leis, seja a natural, seja o Decálogo; as impôs a Adão e às gerações futuras, com sabedoria e inteligência.

A lei positiva, ao contrário, como exemplo as leis do culto e dos juízos nos tribunais, foi transmitida por intermédio de Moisés. E para que essas leis não fossem pesadas e gravosas, Deus concedeu prêmio para os obedientes e ameaçou com penas os desobedientes.

Deus estabeleceu, pois, na ordem, estas três coisas: aos homens, deu o livre-arbítrio; depois, os mandamentos, e, por fim, prometeu a recompensa.

4. Fidelidade protetora

> *Se você quiser, observe os preceitos e eles o protegerão,*
> *e mantenha sua fidelidade para sempre*
> *àquilo que lhe agrada* (Eclo 15,15, Vulgata).

Isso quer dizer: se observar os preceitos, eles se conservarão ao seu redor como bons guardas da alma, também contra os inimigos internos. Eles o protegerão tanto na vida presente como na vida eterna, na graça e na glória de Deus; porque Deus guarda quem observa os seus preceitos. De fato, a própria prática dos mandamentos faz aumentar no interior as virtudes, as quais dão ao homem a força para resistir à tentação e ao demônio. A observância dos preceitos diminui a avidez, que é veneno para o amor. Aumentando a virtude, necessariamente o vício contrário diminui.

Quer dizer também: se você quiser conservar para sempre uma fé agradável a Deus, observando os seus mandamentos, essa fé, ou seja, a fidelidade, o protegerá. Ele, na verdade, o tratará com doçura; se dele você se aproximar, terá um amor bastante fiel. Assim, se você for fiel a Deus, também Deus lhe será outro tanto fiel, ou melhor, mais fiel, fidelíssimo. Há quase um pacto entre Deus e o homem, com o qual prometem-se fidelidade recíproca. O homem promete obedecer a Deus e observar seus preceitos; Deus, por sua vez, promete recompensar o homem com sua graça, proteção e glória.

Está escrito: "Se alguém me ama e guarda a minha palavra, eu e meu Pai viremos e faremos nele a nossa morada" (Jo 14,23). Essas palavras de Jesus explicam o que significa observar os preceitos de Deus e o que se entende por permanecer fiel àquilo que lhe agrada. De fato, Deus defende e guarda a morada, a hospitalidade e o seu hóspede. Quem desafiará aquele que é defendido por Deus? "Quem obedece às ordens não incorre em pena alguma" (Ecl 8,5). "Se alguém guarda a minha palavra, jamais verá a morte" (Jo 8,51). É preciso recordar que a graça de Deus não está excluída, porém devemos fazer o que podemos, pedir o que não podemos, para receber tudo da graça de Deus, que nos pode ajudar.

5. Escolha definitiva

"Ele pôs você diante do fogo e da água, você poderá estender a mão para o que quiser" (Eclo 15,16).

A água representa o refrigério e, portanto, a felicidade da glória; o fogo, ao invés, o inferno. Pode-se dizer que Deus propôs ao homem o bem e o seu prêmio, isto é, a glória eterna, e apresentou-lhe também o mal e a sua pena: o fogo eterno. Colocou-lhe a glória e a condenação, o céu e o inferno, a glória e a miséria, a vida e a morte para escolher o que quisesse. Rábano[2] assim interpreta:

> *No fogo se representa a tribulação, na água o refrigério. São, pois, colocados diante de nós o sofrimento e a felicidade. Se colocarmos em prática os mandamentos de Deus, receberemos a consolação da vida eterna; se, ao contrário, desprezarmos os seus mandamentos, nos tocará a pena do inferno. Portanto, Deus como que pendura no ar a decisão do homem, entre dois elementos opostos: a água, símbolo do refrigério da vida eterna; o fogo, para exprimir o tormento dos infernos.*

"Ele pôs você diante do fogo e da água, você poderá estender a mão para o que quiser" (Eclo 15,16). Santo Agostinho frisa: "O homem que usa mal o livre-arbítrio, perde a si e o próprio livre-arbítrio".

6. Falta de uma profunda vida de oração

Certa miséria espiritual, com frequência, brota da preguiça. Se os animais, pelo ócio, engordam e, pelo cansaço, emagrecem, a alma humana, ao invés, pela fadiga, engorda e, pelo ócio, deteriora, porque as boas obras são o alimento da alma.

Enquanto os discípulos insistiam: "Rabi, coma!". Ele lhes respondeu: "Eu tenho um alimento para comer, que vocês não conhecem". E os discípulos se interrogavam entre si: "Talvez alguém tenha lhe trazido algo para comer?". Jesus lhes disse: "O meu alimento é fazer a vontade daquele que me enviou, para cumprir a sua vontade" (Jo 4,31-34).

---

[2] Rábano Mauro (beato) era monge e teólogo alemão (Mogúncia, 780-856). Iniciou os estudos na abadia beneditina de Fulda e completou sua formação em Tours, sob a guia de Alcuíno. Foi arcebispo de Mayence.

Uma constatação é que todos os servos de Deus, que se empenham em recitar os Salmos, em rezar, em meditar, em pregar e em outros exercícios espirituais a serviço de Deus e pelo bem do próximo, são alegres, ricos no espírito e cheios de doçura espiritual; ao contrário, os que não possuem uma profunda vida de oração são tristes, melancólicos, enfadonhos ao próximo e a si mesmos. E estes, pela aridez do espírito, sentem enfado ao recitar os Salmos, ao rezar, meditar e praticar qualquer outro exercício espiritual, e então se voltam para os passatempos do mundo.

7. Como o povo no deserto

O povo no deserto é semelhante aos filhos de Israel, os quais murmuravam e se lamentavam pela fadiga, sentiam enfado do delicadíssimo alimento do maná e diziam:

> *Quem nos dará carne para comer? Temos saudades dos peixes que comíamos de graça no Egito, dos pepinos, dos melões, das verduras, cebolas e alhos. Agora perdemos até o apetite, não vemos outra coisa além desse maná* (Nm 11,4-6). *Então o povo começou a se lamentar de modo indigno diante dos ouvidos do Senhor* (Nm 11,1ss.).

Lamentavam-se! Está claro que não se lamentavam tanto pelo cansaço – caminhavam de fato lentamente e Deus os confortava – quanto para disfarçar a gulodice e a saudade das panelas do Egito.

> *O Senhor os ouviu e sua ira se inflamou e o fogo de Javé começou a devorar uma extremidade do acampamento. O povo gritou a Moisés; ele intercedeu junto a Javé e o incêndio se apagou. Esse lugar passou a se chamar Tabera (incêndio), porque aí o fogo de Javé se alastrou no meio deles* (Nm 11,1-3).

São Gregório Magno comenta:

O que significaram as panelas de carne senão a vida carnal, no pecado, e as dores da tribulação, quase como alimento para se cozinhar no fogo? O que significam os melões senão as doçuras terrenas? O que representam os alhos e as cebolas, que fazem chorar a quem os come, se não as dificuldades da vida presente, que é amada com lágrimas pelos seus amantes, ainda que não sem dor? Os que desprezavam o maná pediam melões e carne, alhos e cebolas, pois é claro que as mentes perversas desprezam os doces dons recebidos por meio da graça e, em seu lugar, desejam aqueles da carne e dos prazeres procurados fatigosamente, ainda que custem lágrimas. Eles desprezam o fato de poder ser felizes no espírito e, ao invés, desejam ardentemente coisas materiais, que os fazem chorar. A voz confiável de Jó desaprova a estultice deles, porque raciocinam num modo absolutamente perverso e preferem a confusão à tranquilidade, a dureza à doçura, a aspereza à mansidão, os bens transitórios àqueles eternos, as coisas incertas àquelas seguras.

8. "A nossa vida definha" (Nm 11,6)

Como a dizer: nosso estômago enfraquece, sente náusea e está quase ressequido, visto que comemos sempre alimentos secos e sempre o mesmo maná; nada de coisa fresca e suculenta. Os nossos olhos não enxergam nada mais do que maná.

Essa náusea e murmuração não nasciam da doçura do maná (este, de fato, quando comido amiúde, provoca náusea), nem do tédio derivado do comer sempre o mesmo alimento, visto que o sabor variava infinitamente, mas pelo fato de o cheiro, a cor, a forma, a consistência e outras semelhantes qualidades permanecerem sempre iguais ao maná; certa variação dessas qualidades deixa o alimento mais apetitoso e gostoso. Por isso, também os gulosos, especialmente as crianças, geralmente preferem saciar não tanto a boca e o estômago, quanto os olhos, a fantasia e as mãos. Eis como esses ingratos desprezavam o alimento celeste e desejavam as coisas de pouco valor.

Mais ou menos assim são os preguiçosos no espírito, que sentem enfado dos doces bens espirituais e desejam os prazeres do mundo. Não podem inclinar-se para ajudar o próximo, porque são duros e secos e se quebram antes de se dobrarem.

Ah! Míseros; como são inúteis e incapazes de fazer boas obras e de se empenharem nas práticas de piedade; estas são do agrado dos devotos, ao passo que para eles parecem e são insuportáveis, porque não possuem riqueza de espírito.

ORAÇÃO

É verdade, Senhor,
descuidei da minha vida espiritual.
A minha alma é como um campo não cultivado,
cheio de ervas daninhas e plantas doentes com poucos frutos.
Às vezes a oração me é pesada;
parece-me estar falando com o muro,
a celebração eucarística me parece eterna
e a meditação me aborrece;
estou sempre com a cabeça em outro lugar.

Sei que estou me prejudicando com minhas próprias mãos,
por culpa da minha indolência.
Senhor, você me deu a liberdade
e a capacidade de escolher o bem e o mal
e eu com o meu desempenho
estou perdendo o meu capital de graças
e estou empobrecendo até a miséria. Sinto-me vazio
e encho-me de coisas que não me enchem.
Senhor, abre-me os olhos sobre a minha real situação.

Jesus: "Filho, eu lhe dei os meus mandamentos
e todas as outras indicações, porque o amo.
Não seja como um asno selvagem,
que vive instintivamente e não quer donos.
Se for fiel às minhas leis,
as leis o conservarão
na alegria e na paz
E por fim receberá a minha recompensa eterna.

Meu filho,
é a oração contínua que dá força ao espírito.
No diálogo ininterrupto entre mim e você,
eu lhe comunico a minha graça
e a consolação espiritual.
Os ramos dão fruto
só quando estão
unidos à videira.
Eu sou o seu alimento,
o Pão que dá a Vida que não acaba.
Permaneça no meu amor".

Terapia

- Aceitar as correções.
- "Observa os mandamentos e eles o protegerão". (Pr 7,2)
- Continuar com regularidade os empenhos de oração.
- Não ir em busca de "coisas novas".

SÉTIMA INSTRUÇÃO
(MAN. 4.538-4.556)

INTRODUÇÃO

Maio de 1811. Padre Gaspar apresenta o seu ensinamento sobre quatro manifestações da acídia, que podem ser resumidas em apenas uma: "tristeza". Essa instrução toca um dos estados espirituais mais comuns e penosos, para quem está caminhando no deserto. Estado muito penoso, porque quem tem esse vício "é pesado a si mesmo e intragável aos outros e a Deus"; e não sabe como sair dessa situação. A tristeza em servir ao Senhor é uma tristeza de ânimo que leva à náusea pela vida e à amargura. Quem vive nessa situação é como se tivesse uma tonelada de chumbo em cima, que o esmaga e torna cansativo tudo o que faz. É como viajar com o freio puxado. A causa desse descontentamento são todos aqueles que lhe estão ao redor: dos seus julgamentos mordazes não escapa ninguém, nem mesmo os que tentam ajudá-lo. De fato, não há coisa alguma que lhe agrade.

A miséria espiritual em que se encontra é pavorosa. "Por isso – diz padre Gaspar – o servo de Deus deve se esforçar para afastar de seu ânimo esta diabólica tristeza".

Francisco de Assis chamava essa melancolia de "mal diabólico" e comparava-a à ferrugem que se gruda ao ferro e o corrói. Quando o "Pobrezinho de Assis" sentia ataques desse gênero, punha-se em oração diante de Deus e não se levantava até que não houvesse passado.

No momento em que a oração lhe pesa e prefere ficar na cama; e, em vez de abrir o livro para a meditação, vai cultivar as flores; em vez de ir visitar um doente, prefere ficar na televisão ou diante do computador: saiba que a "ferrugem" está atacando-o. Ajoelhe e reze. Você está em gravíssimo perigo.

Padre Gaspar recorda que o amor se doa com alegre liberdade e encontra em si a força para afrontar provas dificílimas. Contentamento, alegria, perfeito regojizo ou bom humor nas adversidades fortalecem as pernas, dão asas aos pés e oxigenam os pulmões.

Quando você está "carrancudo" porque as coisas estão pesadas, porque os outros não são como você queria; quando está fazendo as coisas com raiva, forçado e murmurando dentro de si, pare! Reflita um segundo sobre o seu estado de ânimo. Não jogue a culpa sobre os outros e repita a você mesmo: "ninguém está me forçando a fazer isto. Eu o faço livremente, por amor, por amor, por amor!". Então o sinal negativo "menos" se torna positivo. O sinal "mais" (+) possui o formato de cruz. Verá que tudo andará melhor.

A alegria é o estado de serenidade e de paz, que se experimenta cada vez que se entra na posse de um bem. Pode-se avaliar a qualidade de uma alma pela qualidade de sua alegria. Se a alegria consiste na presença do Senhor em sua vida, ela jamais terminará. Na Eucaristia experimenta-se, na fé, uma antecipação do paraíso. Quem reconhece os benefícios recebidos de Deus, dos outros e da vida, sabe ser reconhecido, "eucarístico", e bendiz. E faz da sua existência um alegre dom.

7
A ALEGRIA NO DOM DO AMOR

"Não com tristeza ou por força, porque Deus ama quem dá com alegria" (2Cor 9,7).

1. A tristeza no serviço divino

Não com tristeza

A tristeza é um vício vergonhoso aos olhos de Deus, o qual ama os que alegremente o servem e dão tudo o que podem. "Deus ama quem dá com alegria". Não com tristeza, como os avaros; ou por necessidade, por força, quando se devem pagar as taxas, mas com vontade alegre e pronta. De fato, "Deus ama quem dá com alegria" (2Cor 9,7). Deus não pede nada do que é seu: o que você tem, ele lhe deu.

> *Em cada oferta, mostre alegre o seu rosto,*
> *consagre com alegria o seu dízimo* (Eclo 35,8).

> *Quem pratica obras de misericórdia,*
> *as cumpra com alegria* (Rm 12,8).

"Não com tristeza ou por força" (2Cor 9,7). Quer dizer, cada um dê voluntariamente, não por constrangimento. O Apóstolo apresenta duas atitudes opostas no agir voluntário: a necessidade e a tristeza.

Não por constrangimento

O ato não será voluntário se houver violência. Há dois tipos de constrangimento: absoluto e condicional.

O constrangimento é absoluto quando alguém é forçado a fazer algo contra a sua vontade. Para evitar tal constrangimento, São Paulo diz: "não por necessidade". Isso aconteceria se obedecesse forçado à ordem do Apóstolo (ou do Superior). Assim diz: não obrigue ninguém a obedecer à nossa ordem, mas mova a sua pronta vontade. "Cada um apresente as primícias ao Senhor voluntariamente e com ânimo reverente" (Ex 35,4).

O constrangimento é condicional, quando alguém não é totalmente obrigado a fazer algo contra a sua vontade, mas só em parte; com o sentido de que, se não fizer uma parte, incorre num dano maior.

Para evitar isso, diz-se: "não com tristeza". Quer dizer: não por temor de ter de se envergonhar, de corar, mas pela alegria que traz no coração por causa do amor para com os irmãos e para com Deus. "Eu te oferecerei um sacrifício espontâneo" (Sl 54,8).

2. Deus ama quem dá com alegria

Como consequência, quando se diz: "Deus ama quem dá com alegria", é indicado o motivo. Quem dá a recompensa está premiando as ações que merecem recompensa: somente os atos virtuosos. Entre os atos virtuosos observam-se o tipo do ato e o modo de realizá-lo, que dependem de quem age. Por isso, se no ato virtuoso não estiverem presentes a bondade da ação e a alegria, aquele ato não será considerado puramente virtuoso. Assim, não é considerado perfeitamente justo na virtude quem não cumpre as obras de justiça com prazer e com alegria.

Diante dos homens, que veem só o que parece ser, basta que alguém faça um gesto de virtude, por exemplo, um ato de justiça, para ser considerado bom. Porém, diante de Deus, que conhece o coração, não basta um gesto só exteriormente virtuoso, se não for cumprido também no modo certo, isto é, com prazer e alegria. Por isso Deus ama, isto é, aprova e recompensa, não só quem dá, mas quem dá com alegria, não com tristeza e murmuração. "Servir ao Senhor na alegria" (Sl 100,2). Deus não aprova os que o servem com tristeza interior e os que de má vontade o servem causam grandíssimo desgosto à sua divina majestade.

3. Um serviço... mal pago

Por três razões, geralmente, se serve com má vontade: a primeira é quando a pessoa a quem se serve não é importante, não é grande; a segunda consiste em fazer serviços inúteis; a terceira é o grande peso das fadigas. Encontramos isso nos demônios. Eles, ainda criados com natureza nobilíssima, pelo pecado se tornaram ignóbeis e se deliciam com as coisas desprezíveis, e nessas coisas desejam ser servidos, isto é, na soberba, nos pecados da carne e em outros vícios. E o que é mais desprezível que o pecado? O pecado é vaidade e reduz a pessoa a um nada. E por isso aos demônios agradam animais imundos e vis, como porcos e serpentes (Mt 8,31; Gn 3,1ss.), para que se manifeste a sua torpeza. A paga dos serviços que se prestam aos demônios é a morte. "O salário do pecado é a morte" (Rm 6,23). Eis aí uma bonita paga! Chamam-se estipêndios as pagas dos soldados *stipe pendenda* (para pesar); de fato, o dinheiro distribuído aos soldados era pesado. Uma vez que os pecadores agem oferecendo os próprios membros como instrumentos do pecado, diz-se que a morte é o estipêndio dele: a recompensa que o pecado dá a quem o serve. A morte é, pois, o resultado dos pecados; a morte não é aquilo que os pecadores buscam, mas o que recebem em retribuição. "Fará chover, sobre as injustas brasas, enxofre e um furacão ardente" (Sl 11,6).

Cada um, de fato, segue a teimosia
do seu malvado coração
recusando-se a me ouvir.
Por isso os expulsarei deste país
para um país que nem vocês, nem seus pais
conheceram, e lá servirão a uma divindade estrangeira
dia e noite, pois que eu
não mais usarei de misericórdia (Jr 16,12-13).

São Jerônimo, comentando a passagem de Jeremias (16,13), escreve:

Uma vez abandonados por Deus, fazem o que não é justo e, assim, seguem os desejos de seu coração malvado, do qual saem os maus raciocínios. Por isso separam-se da Comunidade e vão para terra distante, a qual nem eles, nem seus pais conheciam antes de pecar; e ali servem a deuses estrangeiros, que não são deuses, mas são erroneamente assim considerados por aqueles que os adoram. A expressão "dia e noite" indica o permanecer continuado dos pecadores no mal; de dia praticam ações vergonhosas e de noite se entregam à devassidão.

"E não lhes darão descanso": sem dúvida isto se refere aos falsos deuses, dos quais diz: "E servirão a deuses estrangeiros". Portanto, qualquer pecado, qualquer obra má que façamos de dia e de noite, é sob o domínio do demônio, os quais não nos dão paz, mas sempre nos forçam a acrescentar delitos a delitos e a cometer uma infinita série de pecados. Observem quanta insuportável fadiga exigem os demônios e com quanta infelicidade pagam e quantos são dignos de desprezo. No entanto, tamanha é a cegueira do mundo, em que se encontram muitas pessoas, que preferem servir aos demônios antes que a Deus. Ao contrário, todos nós devemos servir a Deus com todo o respeito, de boa vontade e com alegria.

4. Alegria em servir ao Senhor

Por três principais motivos se costuma servir a um patrão voluntariamente e com alegria:

– o primeiro é quando o senhor, ao qual se presta serviço, é pessoa importante e digna de ser servida com prontidão e alegria;

– o segundo é quando a pessoa é discreta e moderada, que não ordena coisas difícieis e pesadas;

– o terceiro é quando paga bem e recompensa abundantemente o serviço recebido e trata bem os seus servidores.

Todas essas características existem perfeitamente em Deus.

5. Deus é Grande

"Grande é o Senhor e verdadeiramente digno de louvor" (Sl 47,2). Crisóstomo, comentando esse salmo, escreve: "Deus pede para ser glorificado, mas não disse quanto é grande"; isso de fato ninguém sabe; por isso acrescenta: "e verdadeiramente digno de louvor".

6. Deus é poderoso e bom

"Ele é o único justo e onipotente" (2Mc 1,25). É tão digno, que não se pode oferecer algo que seja digno dele.

> *O que oferecerei ao Senhor digno dele?* (Mq 6,6). *Como retribuirei a Javé por todo o bem que ele me fez? Erguerei o cálice da salvação, invocando o nome de Javé. Cumprirei meus votos a Javé, na presença de todo o seu povo! É valiosa aos olhos de Javé a morte de seus fiéis* (Sl 116,12-15).

Segundo São Jerônimo,

Nós não damos, mas restituímos ao Senhor o seu verdadeiro sangue. Não há comparação entre o fato de que o justo seja morto pelos pecadores, o Filho de Deus pelos homens, e o fato de que nós, homens e pecadores, morramos para testemunhar a fé.

7. Os mandamentos de Deus são suaves

"Os seus mandamentos não são pesados" (1Jo 5,3). É verdade que Deus ordena muitas coisas duras para a nossa natureza, como dominar as paixões, perdoar as ofensas, amar os inimigos, carregar a cruz, frear a ganância; mas essas coisas não causam dano ao homem quando há a presença da graça e do amor de Deus. Combater os impulsos maus da concupiscência e os desejos do prazer, suportar o desconforto e os males, tudo isso é aliviado pela unção do Espírito Santo, no homem, que dele está repleto.

"De fato o meu jugo é suave e o meu fardo leve" (Mt 11,30). Santo Agostinho comenta:

Que desventuras e sofrimentos enfrentam os mercadores, para conquistar riquezas perecíveis! Se não as amassem, achariam aquelas fadigas muito pesadas. Os que amam, ao contrário, as suportam e não as consideram assim. O amor, verdadeiramente, torna fácil e quase nem sente tudo o que é árduo e extremamente fadigoso.

A caridade torna mais fácil o caminho para a beatitude, mudando tudo o que o egoísmo havia encaminhado para a infelicidade e a ruína do homem!

E ainda que no serviço de Deus existam muitas dificuldades, tribulações e lutas, com a ajuda da graça divina e com a esperança da glória do céu, cada coisa parece fácil, leve e suave. A Jacó pareciam poucos os dias dos sete anos, em que serviu a Labão, por amor de Raquel: ela era bonita de rosto e simpática. Raquel simboliza a beleza da vida futura; por amor a ela, as fadigas de toda a vida presente, representadas pelos sete anos, nos devem parecer poucas e leves (Gn 29,20).

8. Um bom pagamento

A recompensa e o pagamento que o Senhor nos concede são tão grandes, que maiores não se podem pensar porque, além de tantos dons, que nos dá nesta vida, nos dará ainda a nós mesmos, como prometeu na pessoa de Abraão, ao qual disse: "Não tenha medo, Abraão! Eu sou o seu escudo, e a sua recompensa será muito grande" (Gn 15,1).

Eis o pagamento daqueles que servem a Deus com alegria. Não obstante tudo isso, são tão poucos os que se colocam a seu serviço, sem tristeza interior. Quanto desagradam à sua divina majestade aqueles que o servem com tristeza! Como dissemos, causam-lhe grande desgosto, porque ele é digno de ser servido com suma alegria por todas as criaturas. Servir à sua divina majestade é reinar: "Servir a Ele é reinar!".

9. A tristeza espiritual

A tristeza espiritual sempre agrada muitíssimo ao demônio. De fato, como a alegria espiritual prepara a morada do Espírito Santo, assim a tristeza espiritual prepara a morada do demônio. Por isso vemos que, quando alguém está com tristeza de ânimo, o demônio investe com muitas e diferentes tentações.

Muitas vezes a tristeza espiritual pode ser tanta, que prejudica o reto raciocínio e o modo normal de falar, a tal ponto que não se é capaz de discernir facilmente o verdadeiro do falso e o bem do mal. Então acontece que frequentemente se fazem juízos temerários, consideram-se más as coisas boas, boas as más, falsas aquelas verdadeiras e verdadeiras as falsas.

Disso resulta: quando o homem está com má vontade e cheio de descontentamento, julga de modo falso isto ou aquilo, a cada palavra faz comentários, provoca grandes debates e tece duras críticas, conforme o demônio lhe insufla.

Ah! vício diabólico, que tanto nos molesta! Por isso, o servo de Deus deve se esforçar para afastar do seu ânimo esta diabólica tristeza, uma vez que tira dele a consolação espiritual e o torna desagradável a Deus e ao próximo, e um peso a si mesmo.

10. Enfado da vida

Geralmente a tristeza de ânimo no serviço divino produz tédio, enfado da vida. Quando o acidioso mostra desagrado no serviço de Deus, sente desgosto em viver e deseja morrer; não para estar com Cristo, como São Paulo (Fl 1,23), nem para não ver os males que se fazem contra Deus, neste mundo (Ecl 2,17), como desejava Elias (1Rs 19,4), mas pela longa tristeza que sente em servir ao Senhor, não consegue mais sentir um pouco de gosto espiritual. Por isso, Jó diz: "Estou cansado da minha vida" (Jó 10,1). De fato assim como Jó, por causa de inúmeras tribulações que o massacravam, sentia desgosto pela vida presente, também o acidioso, por causa da grande e contínua tristeza que prova no serviço divino, sente fastio em viver. Eis em qual situação miserável se encontra!

11. Amargura

O acidioso frequentemente está aflito e cheio de amargura e nem ele mesmo sabe o porquê. A causa é que sua alma está vazia de boas obras e, ainda, quando o deixa tranquilo e ninguém o molesta, ele é um peso para si mesmo. Tanto que pode dizer com Ezequias: "A minha amargura se tornou amaríssima" (Is 38,17, Vulgata).

Isto acontece porque o acidioso está cheio de iniquidade, que é a causa da amargura. Ainda quando nada o perturba externamente, a consciência o repreende e tira-lhe a paz interior. Em consequência disso, o acidioso se sente mal e não consegue mais fazer um reto juízo, porque "não há arrazoado onde está presente a amargura" (Eclo 21,15). Ah! mesquinho!

ORAÇÃO

Senhor, perdoe-me
por todas as vezes que eu gritei e lhe disse não,
quando me havia pedido algum serviço.
Se é verdadeiro, como é verdadeiro,
que quem ama dá com alegria e generosidade,
devo concluir que eu sou verdadeiramente
bem pobre de amor.

Observo os que vão ao estádio
para acompanhar o time do coração
ou os jovens que abarrotam as apresentações de seus "ídolos"
e vejo que sabem suportar por horas e horas
frio, calor, chuva e vento,
e eu, ao invés, quando me pede alguma coisa...
As pessoas que se colocam a serviço do dinheiro,
dos prazeres e do desregramento
afrontam imensos sacrifícios
e colocam em perigo a própria vida

por benefícios passageiros,
enquanto eu sou tão fraco,
inconstante e até desgostoso
em fazer o bem.
Sinto vergonha, Senhor.

Jesus: "Filho, não se deixe envolver pelo desalento
e pela tristeza, vendo quanto é amplo
em você e no mundo o reino do mal.
Observe quantas pessoas estão precisando
de uma palavra de esperança,
de uma presença consoladora,
de uma mão, à qual se agarrar,
de alguém que as ame.

Ao invés de continuar a criticar,
arregace as mangas
e semeie vida ao seu redor;
o mal se vence com o bem,
não com as lamúrias.
Se começar a amar,
provará seu gosto sempre mais".

Terapia

- Dar ao Senhor com alegria: o amor torna fácil e leve o peso.
- Tirar os óculos escuros. Não se deixar dominar pelo pessimismo: olhar os lados positivos.
- Executar algum gesto de bondade.
- "Não é preciso afogar-se em melancolias, como Saul, mas pôr as mãos à obra" (MP, 26/02/1809).

OITAVA INSTRUÇÃO
(MAN. 4.557-4.568)

INTRODUÇÃO

No retiro de junho de 1811, padre Gaspar fala da "dissipação": uma palavra pouco usada, com exceção dos ambientes religiosos. No falar comum, se diz que um "dissipa" os seus bens quando esbanja as suas riquezas, as atira ao vento. Eis que uma pessoa é dissipada quando se perde em mil bobagens, segue todos os pensamentos que lhe vêm à mente, sem um projeto para realizar; alonga-se em intermináveis bisbilhotices e em inúteis futilidades. "Nada de mais instável - escreve São Gaspar -, desordenado, irregular do que quem tem esse vício; não tem firmeza, não tem base, nem ordem". Vive ao acaso, como um borboletão errante e irrequieto, semeando discórdia.

Há um afresco no mosteiro de Subiaco, no qual se vê um monge dissipado *vagae mentis,* que o demônio puxa pela túnica, distraindo-o de seus deveres. São Bento o cura ao som de varadas, sob o olhar dos confrades. Correção exemplar, ainda que dificilmente aceitável em nossos dias, mas bastante significativa. Esse vício é terrível pelas consequências que atingem a pessoa, e o ambiente no qual ela vive, e por isso ele deve ser encarado com determinação e com amor forte.

A irrequietação de mente e de corpo leva a viver continuamente "fora da cela", isto é, as pessoas desejam sair frequentemente de casa (talvez aduzindo falsos motivos de piedade e de caridade), nunca estão contentes com o próprio trabalho, com a casa, com os empenhos a elas confiados; jamais se mostram contentes com o próprio parceiro e com a comunidade religiosa. Sempre insatisfeitos e movidos pelo espírito de crítica, passam de uma experiência eclesial a outra. A mesma busca de novas sensações é a consequência dessa instabilidade e da inquietação interior, que não atingem só os jovens.

No *Memorial Privado*, padre Gaspar faz duas anotações, que podemos ler como complemento dessa instrução. A primeira, com muita perspicácia, alerta para um comportamento que poderia parecer virtuoso, mas que, com um discernimento mais aguçado, revela-se vicioso e muito perigoso. Trata-se da murmuração, isto é, daqueles contínuos e subjacentes juízos, feitos sobre aquilo que realmente não ia bem. Tais juízos, pelo modo como são feitos, abalam a vida de uma comunidade.

> *Frequentemente o amor-próprio se mascara de zelo, de caridade, de meio necessário para eximir a si mesmo ou aos outros da murmuração: o verdadeiro motivo é a paixão. É preciso pagar a Deus a pena e chorar muito* (MP, 09/08/1808).

A outra nota fala do recolhimento interno e externo: justamente o contrário da dissipação.

> *O próprio andar deve ser maduro e grave, não apressado e afanoso. Quem deseja o recolhimento interno deve procurá-lo com a modéstia externa: não divagando com os olhos, nem movendo indiscretamente a pessoa* (MP, 04/01/1809).

8
O JARDIM SEM RECINTO

"Ouvimos dizer que, entre vocês, existem alguns que vivem à toa, sem fazer nada e em contínua agitação" (2Ts 3,11).

1. Dissipação

Há outras espécies de acídia: desatino da mente, conversa excessiva, curiosidade, a irrequietação do corpo e da mente. São todos aspectos que se relacionam com a dissipação.

Desatino da mente

O acidioso, por causa da tristeza e da acídia, perde o justo modo de julgar, como diz o Eclesiástico: "Não há arrazoado onde há muita amargura" (Eclo 21,12). Como o acidioso aceita sem discernimento qualquer pensamento, a sua mente se torna importuna e vazia, e ele que, por causa da amargura, falava pouco, agora, pela esquisitice, se torna conversador e curioso.

Nada é mais instável, desagregado, irregular do que quem tem esse vício: não tem firmeza, não tem base, nem ordem. E é por isso que a pessoa se torna inquieta de mente e de corpo, porque fala mais do que é conveniente e quer saber coisas que não lhe dizem respeito. Por isso a Sagrada Escritura proíbe a conversa excessiva e a curiosidade.

Conversa excessiva

"Não fale demais na assembleia dos anciãos" (Eclo 7,15).

Calmet[1] explica desta forma: "A modéstia e o silêncio ficam bem nos discípulos e nos jovens, sobretudo quando estão no meio dos anciãos". E se isso tem referência a um juiz ou a um senador, pode se considerar assim: "Diante de juízes, apenas poucas e bem ponderadas coisas: não fazer alarde de eloquência e de sabedoria". Nesse tipo de reunião, onde se trata da vida e do bem da pessoa, um bom juiz deve saber reconhecer a pretensão de quem deseja fazer alarde da própria acuidade e inteligência. Tudo o que serve para chamar a atenção no falar não se enquadra nessa situação.

Quanto alarde de sabedoria e de loquacidade há nos pregadores, nos catequistas etc. O grego *mè adoliskei*, que traduz "não falar muito", significa propriamente não tagarelar, não dizer tolices, não relatar disparates, porque o tagarela é ele mesmo inquieto e inquieta os outros. "O paroleiro provoca litígios" (Pr 16,28), semeia discórdias e divisões não só entre o povo, mas até entre os que dirige.

A Bíblia dos Setenta traduz assim: "O paroleiro acende o fogo do engano". Com essas palavras, indicam-se as suspeitas, as desconfianças, as ambições, as invejas que os paroladores provocam entre os que estão na direção, com

[1] Calmet Augustin foi um dos mais famosos entre os comentaristas da Bíblia e historiadores da Igreja do século XVIII. Nasceu em Ménil-la-Horgne (Lorena), no ano de 1672, e morreu em 1757. Entrou na Ordem Beneditina. Aprendeu sozinho o grego e o hebraico. Escreveu muitos livros de história e de exegese. Entre 1707 e 1716 publicou *La Sainte Bible en latin et en français, avec un commentaire litteral et critique*, em 23 volumes.

grande dano e ruína para os súditos, como fazem os políticos, os hereges, os quais são, ao mesmo tempo, alimentadores das discórdias e dos tições da geena, ou melhor, quase demônios encarnados.

Inquietação da mente e do corpo

O curioso é inquieto também porque quer saber e pesquisar coisas que não lhe competem e, não podendo compreender todas as coisas, ao conhecer algo que lhe desagrada, então não pode deixar de se inquietar. "Quem aumenta o saber, aumenta a tristeza" (Ecl 1,18). Por isso o apóstolo escreve: "Ouvimos dizer que entre vocês existem alguns que vivem à toa, sem fazer nada e em contínua agitação" (2Ts 3,11).

Teofilatto, citado por Crisóstomo, diz que a nossa mente está em contínuo movimento e como uma roda de moinho, uma mó, que gira sempre e tritura a farinha, ou a si mesma, assim, necessariamente, ou pratica obras frutuosas, ou está ocupada em obras infrutuosas e vãs; colocando-se a vasculhar indebitamente a vida alheia, se põe a espalhar maledicências e bobagens.

Assim Túlio Cícero relata o que Domício Afro disse de Mânlio Sura: "Ele não agia, mas se agitava", porque, ao agir, provocava confusão. Age de fato quem faz o seu dever; cria confusão quem se agita por coisas fúteis, diz Erasmo.

Mè ergazoménous allá periergazoménous: ergazetai = quem age frutuosamente; *periergazetai* = quem age e faz coisas que não dão fruto, são inúteis e não servem para nada. Assim são os ociosos e os curiosos, que não fazem nada e anseiam por ouvir, narrar, tornar públicos e criticar os fatos de cada um. Eles, embora não fazendo nada, agitam-se, empurram e incitam os outros a fazer, mudando e revirando o que, em sua fantasia inquieta e turbulenta, lhes parece que deve ser feito e mudado.

Com esse argumento, o Apóstolo ensina que as pessoas ociosas são curiosas, paroleiras e indiscretas; elas não agem, mas se agitam. As pessoas que se empenham seriamente, ao contrário, acrescentam, buscam o pão no silêncio; fazem muitas coisas, mas dizem poucas palavras, mas sensatas.

Gregório Nazianzeno, na carta a Celéusio, compara os paroleiros às andorinhas e os que se empenham aos cisnes. A Celéusio, que o criticava pelo seu grande silêncio, pois era por natureza um tanto taciturno, o Nazianzeno responde argutamente com este apólogo:

> *Certa vez as andorinhas criticavam os cisnes: "Vocês não estão nem com as pessoas, nem em público, mas preferem cantar somente para vocês mesmos nos prados e ao longo dos rios. Nós, ao contrário, ficamos nas cidades e, com os nossos chilreios, alegramos as pessoas". Os cisnes, então, aborrecidos com a loquacidade delas, com muito custo as julgaram dignas de receber uma palavra em resposta. E assim concluíram: "Caríssimas, nos lugares solitários ninguém é forçado a ouvir a nossa música; somente quando permitimos ao vento de inflar as nossas penas, modulamos um canto breve, mas alegre e gracioso. Vocês, ao invés, aborrecem as pessoas, que as acolhem nas casas e que não apreciam o seu canto; vocês são as mais tagarelas entre as aves e, nem mesmo se lhes cortassem a língua, seriam capazes de fazer silêncio". "Portanto – conclui o Nazianzeno – se considera que a minha taciturnidade vale mais que a sua loquacidade, pare de desprezar o meu silêncio".*

Não há curioso que não seja inquieto.

Curiosidade

A Escritura proíbe a curiosidade. Está escrito no Eclesiástico (cap. 3):

Não procure o que é muito difícil para você
e não investigue coisas que superam suas forças.
Empenhe-se naquilo que lhe foi ordenado,
e não se ocupe de coisas misteriosas.
Não se aplique em coisas que superam sua capacidade,
porque já lhe foi mostrado
mais do que a inteligência humana pode compreender.
Muitos se perderam por suas especulações
e se extraviaram por suas ilusões perversas.
Um coração obstinado acabará mal;
e quem ama o perigo nele cairá.
Um coração obstinado acumula sofrimentos,
e o pecador vai somando pecado a pecado.

Afirma Crisóstomo:

Deus deu-lhe a conhecer muitas coisas, para que você não diga que o mundo não tem projeto. Mas não permitiu que você conhecesse cada coisa, para que a vastidão do conhecimento não o fizesse ensoberbecer. De fato, assim o ímpio demônio fez o primeiro homem cair, na esperança de um maior conhecimento, tirando-lhe, ao contrário, aquele conhecimento que tinha. Como quando entra em um consultório e vê muitos instrumentos, você admira a variedade, ainda que não conheça seu uso, assim deve fazer diante das criaturas: admirar a variedade, ficar pasmo pelo Criador, o grande Deus que as fez; se nem tudo lhe é dado conhecer, todavia nem tudo lhe é desconhecido.

Não procure o que é muito difícil para você, não investigue coisas que superam suas forças (Eclo 3,21).

(É preciso se fazer de estulto, para se tornar sábio.)

Pois que já lhe foi mostrado mais do que a inteligência humana pode compreender (Eclo 3,23).

Isso foi dito para consolar o aflito e o sofredor, porque não conhecem tudo; na verdade, diz que também aquelas coisas que lhe são dadas a conhecer superam enormemente o que você pode imaginar; e não foi você quem as descobriu, mas Deus lhe ensinou.

Fique contente, pois, com as riquezas que lhe foram concedidas, não devendo buscar nada além, mas agradecer pelo que recebeu. Não se acabrunhar por aquilo que não recebeu e louvar por aquilo que conhece. Não se melindrar por aquilo que não conhece. Uma e outra coisa, de fato, Deus a quer para o seu bem: isso revelou e aquilo, ao invés, escondeu, pensando em seu bem.

Para atingir um perfeito conhecimento do dom de Deus, é preciso viver em boas obras, porque, diz Santo Hilário, "Deus concede a sabedoria àqueles que conseguem a graça do conhecimento por mérito das boas obras", como confirma a Bíblia:

Se você deseja ter sabedoria, observe os mandamentos, e então o Senhor a concederá para você. O temor do Senhor é sabedoria e educação e se compraz na fidelidade e na mansidão; Ele o encherá de bens (Eclo 1,33-35).

A verbosidade está ligada à curiosidade. Isso é demonstrado pela autoridade do Apóstolo, o qual admoesta seu querido discípulo para que se afaste das viúvas jovens e, dando a motivação, diz: "Porque transcuraram a sua primeira fé. Além disso, elas aprendem a viver ociosas, correndo de casa em casa; elas não são apenas desocupadas, mas também fofoqueiras e indiscretas, falando o que não devem" (1Tm 5,12-13).

A primeira fé é o compromisso, a verdade. Se não é conveniente para a mulher girar pelas casas, tanto menos para os sacerdotes!

Então, continua Crisóstomo, quando elas não têm atenção com o marido e não possuem zelo para com o Senhor, o que acontece? Paulo responde que certamente se tornam ociosas, fofoqueiras e indiscretas. De fato, quem não cuida das próprias coisas, seguramente irá se preocupar com as dos outros; assim como quem se mostra cuidadoso com as suas coisas não irá se preocupar com as dos outros nem se interessará por elas.

"Falando daquilo que não convém", nada cai tão mal em uma mulher do que o bisbilhotar sobre a vida alheia; e isso é válido não só para a mulher, mas também para o homem (e também para o sacerdote), visto que essa atitude manifesta a máxima expressão da imprudência e do descaramento.

Aristóteles refere que, em seu tempo, na cidade, colocaram um prefeito que cuidava para que as mulheres não saíssem pelas ruas, mas permanecessem em casa (o mesmo seria necessário para certos padres em certas estradas).

As viúvas, referidas pouco acima, sentindo-se amparadas pelo desvelo da Igreja em sua manutenção, aproveitam a ocasião da sua tarefa de visitar os pobres e os doentes. Habituaram-se então a levar uma vida andeja, percorrendo as casas com indiscrições, intrigas e inquietações.

Do mesmo modo alguns clérigos indiscretos, rueiros, contadores de historinhas, bastante inquietos, semeadores de discórdia, atribuem-se com indiscreta condescendência a liberdade de visitar os ricos e o direito de lhes pedir alimento ou dinheiro.

ORAÇÃO

Senhor, recebi seu convite
para me examinar,
para avaliar se o meu espírito está sem proteção.
Quando estou descontente
comigo e com os outros,
primeiramente procuro me fechar na amargura;
depois, quando não suporto mais, estouro,
e o meu veneno borrifa tudo e todos, particularmente
os que têm a responsabilidade da direção.

Os meus apelos pseudoproféticos
são apenas a manifestação da minha tristeza,
são apenas murmurações.
Não percebo que as minhas longas conversas
sobre os outros
acobertam as minhas fragilidades
e as minhas inquietações interiores,
que não quero encarar, por medo;
camuflo a minha superficialidade
ou o desejo de me fazer admirar,
que eu não quero admitir.

Encontro mil desculpas,
invento motivações pseudoteológicas
para justificar as minhas visitas às mesmas pessoas
e às minhas encenações apostólicas:

Na verdade, busco evasões e compensações.
Concede-me a sabedoria do coração,
uma boa dose de sinceridade comigo mesmo
e a coragem de olhar a trave
que está no meu olho.
Coloque um sigilo na minha boca:
concede-me o silêncio interior
e que eu fale pouco
e somente para edificar o próximo.

Terapia

- Vigiar os olhos e os ouvidos.
- Vigiar a boca.
- Não ser um abelhudo.
- Cultivar o silêncio.
- Não sair com frequência de casa.

NONA INSTRUÇÃO
(MAN. 4.569-4.583)

INTRODUÇÃO

Julho de 1811. Em Verona, é pleno verão. No início das férias, padre Gaspar apresenta como tema da instrução "a ociosidade"; lições particularmente oportunas, visto que, como se diz, as férias são a colheita do demônio. O tempo livre pode representar a tentação de desleixo, de desatenção espiritual. E isso vale também para nós, certamente. Não se colocam em discussão uma sadia desatenção e o merecido descanso, depois de ano de empenhos e de intenso trabalho, mas sim o abandono da vigilância, a luta contra o mal e a suspensão de toda atividade que nos fortalece humana e espiritualmente.

Todavia, as férias, ou o tempo livre, são também ocasiões de iniciativas, que possibilitam desenvolver a própria personalidade, os próprios interesses. O tempo livre pode ser oportunidade para enriquecimento, para experiências novas e diferentes, e para aprofundar o relacionamento com as pessoas. Conforme padre Gaspar. o tempo sempre é considerado dinheiro, como dizem os ingleses, que deve ser bem investido, quando se deseja obter vantagens.

Nessa instrução, são numerosas as citações dos padres e dos escritores clássicos. Ela é como um compêndio de sabedoria. Aparece com evidência a exortação para se "viver integralmente", ocupando inteligentemente os tempos vazios; voando em grande altura, conserva-se sempre aceso o motor, atento aos perigosíssimos vácuos, que podem causar precipitação e esfacelamento no solo.

Em uma sociedade do bem-estar, como a nossa ocidental, estão criando os "centros de diversões", os lugares para se divertir, onde se procuram aguçar todos os desejos e as paixões do coração humano. "Escute a sua sede" - proclama uma glosa publicitária. Isso significa: "satisfaça todos caprichos que desejar". As consequências desse estilo de vida estão bem debaixo de nossos olhos. Diziam também os latinos: *carpe diem* - "Goze o momento, o minuto, porque a vida passa. Divirta-se". Há, porém, um modo cristão de viver o *carpe diem*: não perder tempo com o que é passageiro, não investir em coisas fúteis, mas aproveitar cada instante para se enriquecer diante de Deus e dos homens; para se aperfeiçoar.

A instrução convida as pessoas a sempre se ocuparem em alguma boa obra; a trabalharem em si mesmas, como o camponês trabalha a terra, com a meditação quotidiana da Escritura ou de outros livros úteis; com a ascese para destruir a negatividade pessoal e conseguir uma rica colheita de bens espirituais.

São Gaspar, no seu *Memorial Privado*, faz anotações sobre o ócio: "Há proveito em levantar-se bem de manhã, no café e no longo tempo dedicado à oração" (MP, 16/11/1808). "Para morrer bem... é preciso fugir do ócio, do pecado e da ocasião do pecado" (MP, 15/02/1809). E faz profundas as outras duas anotações sobre a excessiva tolerância para com os próprios defeitos, os quais não se deseja combater, porque isso exige sacrifício.

Em matéria de mortificação, a expressão "Não posso!", dita por pessoa espiritual, soa muito mal, porque em Deus se pode tudo. Alguns que não querem se mortificar, se desculpam afirmando que algumas fraquezas suas são "cruzes permitidas pelo céu"; é apenas um falso pretexto: eles quase se comprazem com seus defeitos, como se eles fossem vontade do céu (MP, 31/08/1808). *Em uma alma na qual entra a caridade, a libido foge* (MP, 17/08/1808).

9
AS MÃOS OPEROSAS DO AMOR

"Quem cultiva seu campo ficará saciado de pão" (Pr 12,11).

1. Ociosidade

A ociosidade é a filha primogênita da acídia. Devemos fugir dela, porque é causa de muitos males.

Ociosidade apateta a pessoa

"Quem cultiva seu campo ficará saciado de pão, quem corre atrás de ilusões não tem bom senso" (Pr 12,11).

De fato, o ócio é a via que conduz à pobreza, à fome e até à morte. O que há de mais insensato do que procurar para si a fome e a morte, ficando em ócio? "O ócio, diz o filósofo, leva à sepultura a pessoa durante sua vida". Quem é mais estulto do que aquele que não cuida da própria vida, não providencia o necessário e não se defende dos inimigos?

Na verdade, por causa da indolência, a mente do ocioso se torna rude e obtusa, como o ferro sem uso também permanece bruto e se enferruja, assim, por exemplo, uma espada ou uma faca. Por isso Cassiodoro[1] afirma que o

---

[1] Cassiodoro (480-573) nasceu em Squillace, participou de acontecimentos históricos e sociais e exerceu também o cargo de Senador. Retirando-se da política, fundou dois mosteiros (um eremitério e um centro de estudos: Vivarium). Morreu aos 93 anos.

trabalho e a ocupação desenvolvem a personalidade, enquanto o ócio e a lassidão embrutecem a pessoa.

Plutarco, historiador e filósofo (50-120 d.C.), nas *Obras Morais,* diz que a inteligência, por causa do ócio, sofre como que uma perda de clareza, como se fosse atacada por um caruncho ou por uma velhice precoce e que a vida sedentária e inativa produz languidez ao corpo e à alma.

São João Crisóstomo afirma que as pessoas laboriosas possuem a alma pura e a mente mais vigorosa e lúcida. O ocioso, ao invés, fala e age a esmo, passa os dias não fazendo nada, com a mente entorpecida e quase em letargia.

A ociosidade é raiz de todos os males

Do ócio se originam críticas, calúnias, zombarias, ladroeiras: ele é a raiz de todos os males. De fato, os ociosos tornam-se viciados em jogatina, beberrões, mulherengos, rapinantes etc.

Diógenes, conforme refere Laerte, afirmava que o ocioso é dominado pela luxúria, à qual é bastante inclinado. Assim, mergulhado no ócio, passa uma existência sórdida e cheia de aborrecimentos. Ápio Cláudio, como relata Valério Máximo, costumava dizer que, para os romanos, era muito melhor viver em atividades bélicas do que permanecer inativos, porque o povo, em tempo de guerra, dá prova de fortaleza e valor, ao passo que, em tempo de paz, se entrega aos prazeres e ao luxo, coisas que levam à ruína a República e os Estados.

2. Interpretação Espiritual

"Quem cultiva seu campo ficará saciado de pão; quem corre atrás de ilusões não tem bom senso" (Pr 12,11).

Policrônio,[2] como é apresentado na *Catena Graecorum*, diz que, com a palavra "terra", se entende "alma". Dela, de fato, nasceram as boas e más intenções: boas quando refletem e escolhem coisas santas; más, quando permanecem inativas.

A palavra "pão" significa a Palavra de Deus, ao passo que são chamados de "sem bom senso" os que perdem tempo com vãs doutrinas. E o venerável Beda acrescenta:

> *Quem cultiva seu próprio campo é aquele que, como um diligente agricultor, reforça a própria alma com a meditação quotidiana da Sagrada Escritura, guarda com cuidado a mente e se nutre continuamente com o pão espiritual, para eliminar a fome da ignorância. Quem cultiva as coisas espirituais levará uma vida santa e alcançará o prêmio prometido por Deus. Quem, ao contrário, não se empenha na salvação da própria alma, um dia será colocado entre os "estultos", ainda que aqui na terra tenha sido considerado sábio, pelo conhecimento que adquiriu das coisas humanas e espirituais.*

São Pedro Damião[3] considera que a palavra "terra" significa o nosso corpo, que devemos amanhar com o esforço e a penitência, a fim de que produza frutos de temperança e de boas obras. Em uma carta, assim ele adverte os frades que não se submetem à disciplina:

---

[2] Policrônio foi bispo de Apameia, Síria (430). Escreveu *Correntes Exegéticas*, comentários bíblicos, com trechos de vários autores, fáceis de se consultar.

[3] Pedro Damião (1007-1072) foi bispo e doutor da Igreja. Nasceu em Ravena, de família pobre, teve como tutor o irmão maior, Damião, que cuidou de sua educação, por isso quis se chamar "Petrus Damiani". Estudou em Ravena, Faenza, Pádua, depois se fez monge camaldulense, mas esteve muito empenhado na pregação ao povo e em reformar mosteiros. Foi feito bispo - cardeal de Óstia - pelo Papa Estêvão IX, lutou eficazmente para libertar a Igreja dos negócios temporais, reagiu contra a decadência intelectual e moral do clero. Pelos seus numerosos e inflamados escritos e pelo seu importante papel na reforma, por Leão XII foi declarado doutor em 1828.

Quem quer ser rico em bens espirituais deve arar com suor e fadiga o campo do próprio corpo, com o arado da continência e da observância monástica, rompendo os torrões de terra que têm um sabor mundano, até que consiga quebrar, com os golpes de uma contínua penitência, os empecilhos e os pontos negativos, que descobre em si mesmo. Nem pode descuidar de arrancar pelas raízes as pungentes urtigas da gula e os espinhos picantes dos desejos impuros, plasmando, assim, o próprio corpo, segundo a lei de Deus e obtendo uma rica colheita de bens espirituais. Por isso, nos Provérbios, se diz: "Quem cultiva seu campo ficará saciado de pão".

A ociosidade alimenta os vícios

O ocioso não defende dos inimigos a própria alma, deixa-a exposta a seus ataques e os facilita, porque os vícios se alimentam justamente com o ócio, e os demônios se mostram mais audaciosos contra os ociosos. Por isso São Jerônimo escreve na Carta a Rústico:

Empenhe-se sempre em alguma boa obra, de modo que o demônio o encontre ocupado. Não cairá facilmente em poder do demônio quem está sempre ocupado. Quem deseja, pois, evitar as tentações do maligno, fuja do ócio, porque o ocioso está sempre exposto às tentações demoníacas, como o alvo diante das flechas.

A busca do prazer

"Elimine o ócio e quebrará o arco da libido". O ocioso, embora seja atormentado por muitas tentações, é muito mais afligido pelas instigações da carne, a qual se revigora com o ócio. Por isso, entre as causas que provocaram a ruína dos corruptos habitantes de Sodoma, é apontado o ócio. "O pecado de sua irmã Sodoma foi este: ela e suas filhas estavam cheias de soberba, cobiça, indolente ócio, mas não estenderam a mão para os pobres e indigentes" (Ez 16,49). "Esta, portanto, foi a iniquidade de Sodoma", isto é, a primeira e a inicial das outras suas paixões desenfreadas: soberba, avidez, comezainas, opulência, luxo, prazeres e ócio. Pergunta-se: como foi que Egisto se tornou adúltero? A resposta é imediata: porque era um ocioso. O poeta Ênio, no drama *Efigênia*, escreveu este verso: "Aquele que não sabe usar o próprio tempo livre, encontra maior trabalho do que quem se encontra em trabalho".

São Justino, no livro *Contra Trifão*, faz esta observação: "Jesus, filho do carpinteiro José, quando vivia entre nós, construía arados e brinquedos para nos ensinar, por meio desses exemplos, o que é certo e o fugir do ócio". Os padres da Igreja concordemente exortam: o diabo sempre o encontre ocupado. Isso podemos ver na Vida dos Padres.

Lavínio de Lemno e outros médicos ensinam que há três condições para se adquirir e conservar uma boa saúde: exercícios físicos, vida sóbria e casta. Ao contrário, três coisas são causas de doenças físicas e mentais: ócio, gulodice, luxúria. Em sequência, os mesmos médicos dão três normas para se conservar a saúde: fazer sempre exercício, alimentar-se com sobriedade e fugir da luxúria. Também Hipócrates dá as mesmas normas: "Duas coisas mantêm a saúde florente: não exagerar na comida e estar sempre ocupados".

3. O egoísmo e a desordem social

"Não estendiam a mão ao pobre e ao indigente" (Ez 16,49). Afirma São João: "Pois tudo o que há no mundo é concupiscência da carne, concupiscência dos olhos e arrogância da vida" (1Jo 2,16). Escreve São Jerônimo: "A soberba, os prazeres da carne, as riquezas são a origem de todos os males, que existem no mundo e transformam o próprio mundo em filho e herdeiro de Sodoma".

Pitágoras, conforme o testemunho de Laerte, dizia que, quando os cidadãos se entregam aos prazeres, à glutonaria e à violência, a cidade está próxima da ruína.

O ócio leva ao esquecimento de Deus

São Jerônimo, comentando o texto do profeta Ezequiel (Ez 16,49), afirma que a soberba, a cobiça, a opulência, o ócio e a busca dos prazeres – os pecados de Sodoma – levam ao esquecimento de Deus, porque a pessoa considera os bens terrenos como definitivos e acha que não precisa de nenhum outro. Também a Escritura nos admoesta:

> *Não aconteça que, tendo comido e estando farto, havendo construído boas casas e habitando nelas; tendo multiplicado seus bois e aumentado suas ovelhas e multiplicando também sua prata e seu ouro e tudo que possui: não aconteça que se esqueça de Javé, seu Deus* (Dt 8,12).

E, em outra passagem, se lê que o povo eleito "comeu, bebeu, ficou forte e gordo e começou a recalcitrar" (Dt 32,15). Por esse motivo, Salomão, em sua sabedoria, rogava: "Conceda-me apenas o necessário e o suficiente, para que saciado eu não o renegue dizendo: Quem é Javé? Ou então, reduzido à miséria, não venha a roubar e profanar o nome do Senhor" (Pr 30,8ss.).

A soberba

A soberba é como o centro do qual partem raios para a circunferência de toda a iniquidade. Diz Santo Ambrósio: "A soberba transformou os anjos em demônios". E Santo Isidoro de Sevilha: "A soberba é a origem de todos os pecados e a ruína de todas as virtudes e por isso leva à perdição".

"O céu é muito alto, diz Santo Agostinho, e a via para atingi-lo é a humildade". Na Escritura, entre os pecados dos habitantes de Sodoma, é lembrada a soberba, figurando em primeiro lugar. Deus humilha os soberbos, permitindo que se rebaixem, cometendo pecados vergonhosos (Rm 1,27).

A avidez

O ventre, quando farto e regado de vinho, desencadeia comportamento inominável de libido. Diz Sêneca: "Quem é escravo do ventre se rebaixa à condição de vis animais". Platão, escrevendo aos parentes de Dione, os aconselha a não se entupirem de comida, para não descer a tal degrau. A gula foi o grande pecado dos habitantes de Sodoma e aquele justamente que lhes causou a ruína: a gula é a pira que alimenta a libido. São Jerônimo escreve a Fúria:

> *São menos ardentes as labaredas de fogo, que fazem ebulir o Etna, a ilha de Vulcano, o Vesúvio e o Olimpo, do que aqueles que fazem ebulir o sistema nervoso dos jovens embriagados e com o fogo no corpo para as orgias.*

E Eurípedes: "A libido nasce da saciedade". Enfim: "Sem Ceres e Baco, Vênus se esfria".

O excesso de riquezas e o luxo

"A raiz de todos os males é o apego ao dinheiro" (1Tm 6,10). Stobeo[4] transcreve um antigo provérbio: "A saciedade gera a crueldade, e a prosperidade o orgulho".

---

[4] João Stobeo (século V d.C.) é autor de uma antologia da literatura grega, que contém trechos de mais de 500 autores gregos, poetas e prosadores.

O ócio

O Livro dos Provérbios diz: "A prosperidade dos ímpios os fará perecer" (1,32). Outros traduzem: "O ócio, a despreocupação dos ímpios os fará perecer". E o poeta escreve: "Elimina o ócio e quebrará o arco de Cupido e sua face cairá por terra descuidada e apagada".

Santo Agostinho observa: "Roma destruiu Cartago, e o ócio está destruindo Roma". "A ociosidade é a mestra de todos os males" (Eclo 33,28). São João Crisóstomo escreve sobre tal assunto:

> *Cleômenes, como apresenta Plutarco, interrogado por que os Espartanos não haviam jamais eliminado os Argivos, por eles vencidos várias vezes, respondeu: "Nós fazemos isso de propósito, para que os novos jovens se conservem fortes e valorosos, afastando o ócio, que enfraquece e leva à moleza e aos vícios".*

Coisa semelhante se lê na Escritura sobre Davi. Este, enquanto esteve em atividade, não caiu em pecado, mas, estando em ócio, cometeu adultério, agravado também por homicídio.

Teodoreto[5] escreve: "Davi, quando armado, girava entre as montanhas, se preocupava em combater e vivia segundo a lei de Deus. Foi suficiente uma breve pausa de ócio para cair no pecado".

[5] Teodoreto de Ciro, teólogo sírio (Antioquia, 393 - Ciro, 458), vivia em um mosteiro perto de Antioquia e foi eleito bispo de Ciro (423). Era amigo de Nestório e o último grande representante da escola antioquena; disputou acirradamente com Cirilo de Alexandria. Deposto no Concílio de Éfeso, em 449, foi exilado para Apameia. Reabilitado por intervenção do Papa Leão Magno, é reconduzido ao seu cargo (451); tomou parte, entre os bispos ortodoxos, no Concílio de Calcedônia (451), contra os monofisitas. Depois de sua morte, seus escritos foram condenados no V Concílio Ecumênico de Constantinopla (553).

Cornélio a Lápide[6] comenta o fato com uma frase incisiva: "A atividade fez Davi casto, o ócio o tornou adúltero". Está escrito na Bíblia: "Numa tarde Davi se levantou da cama" (2Sm 11,2), isto é, farto de comida e enfraquecido pelo sono, estava mais inclinado à luxúria. Permanecer muito tempo na cama pela manhã pode se tornar um perigo para a castidade, assim como comer excessivamente. Quem, portanto, deseja ser casto não prolongue demais o sono, levante-se bem de manhã, até mesmo antes da aurora, para se unir ao coro das aves, no louvor ao Senhor.

Ócio maldito, causa de tantos males, sentina de todas as tentações e maus pensamentos, como diz São Bernardo. Da mesma maneira que a sentina é no navio o receptáculo de toda a sujeira, assim o coração do ocioso é o receptáculo de todas as iniquidades.

Ah! Mísero ócio, que se coloca no mais profundo das misérias corporais e espirituais e não quer fazer o mínimo esforço para se libertar!

ORAÇÃO

Senhor, nessa nossa sociedade, chamada de bem-estar,
temos tantas comodidades
e estamos nos industriando para evitar qualquer esforço
e aborrecimento
e passar a vida na poltrona.
Aperta-se um botão e se abre o portão,
abaixa-se o vidro do carro,
se fecha o alçapão da garagem,

---

[6] Cornélio a Lápide (Cornelis van den Steen), holandês, teólogo lente (Bocholt, 1567 - Roma, 1637), jesuíta. Em 1592, lecionou Sagrada Escritura e hebraico no Colégio de Lovaina e no Colégio Romano. Deixou importantes *Comentários bíblicos*, que, por seu caráter didático, unido à erudição patrística do autor, serviram de inspiração para os pregadores.

muda-se o canal de TV sem precisar se levantar,
funciona o lava-louça, o forno micro-ondas,
viagens na internet ao redor do mundo...
E o nosso espírito está se afrouxando,
perde tom, vivacidade, criatividade
e termina por buscar, insaciável,
novas sensações até o infinito.
Estamos nos esquecendo do Senhor
e alucinados pelas coisas materiais,
não conseguimos mais voar no céu azul.
O bem-estar nos tornou
ciosos de nossas riquezas e das comodidades;
desconfiados diante dos pobres,
cegos aos problemas de quem sofre,
incapazes de nos deixar questionar.
Estamos nos enferrujando.
Ensine-nos a viver sobriamente,
a renunciar ao supérfluo,
para sermos desapegados e bem preparados
espiritual e fisicamente.

Conceda-nos olhos para ver as necessidades dos irmãos,
um coração generoso, que saiba partilhar,
e mãos operosas para levar ajuda.

Terapia

- Trabalhar.
- Permanecer ocupado em boas obras.
- Meditar quotidianamente a Sagrada Escritura.
- Fazer penitência, vigilância, continência, trabalhar sobre si mesmo.
- Fazer exercício físico, ter vida sóbria e casta.
- Não comer demais e não ficar muito na cama.

DÉCIMA INSTRUÇÃO
(MAN. 4.584-4.597)

INTRODUÇÃO

Novembro de 1811. As férias já ficaram para trás e transcorreram quase quatro meses desde o último encontro. Padre Gaspar volta a tratar do ócio: há coisas muito importantes que ele deseja comunicar. Ele é um bom formador de consciência e sabe que a educação se baseia em motivações. Para mover a vontade de executar certas escolhas, são necessários motivos, é preciso promover convicções, proporcionar incentivos e exemplos.

Depois de ter mostrado, na precedente instrução, as catastróficas consequências psíquicas e morais que brotam da ociosidade, agora apresentam-se os danos físicos e espirituais que o ócio provoca nas pessoas: o ócio debilita a saúde do corpo e, tirando o gosto pelas coisas espirituais, faz perder irreparavelmente a eterna alegria, até mesmo Deus.

Padre Gaspar toca a tecla da repreensão que o ocioso merece depois que Cristo nos deu o exemplo de uma vida infatigável, oferecida para os outros e consumida por eles; depois que Ele nos libertou com o preço de seu sangue e nos chamou a colaborar na construção do seu Reino de amor, nos preparou, como recompensa imediata no fim da vida, a Ceia eterna.

A instrução se conclui com uma belíssima afirmação de São Bernardo, que fez do amor a força motriz de toda a sua vida espiritual: "A minha fadiga é apenas de uma hora e, se for mais, nem chego a perceber, por causa do amor. Por causa do amor". Padre Gaspar nos quer conduzir a essa convicção para curar a alma do torpor, que mata lentamente o amor; para reconquistar o vigor espiritual, devemos fazer todas as coisas por causa do amor.

Um reto amor a si mesmo, aos outros e a Deus dá sabor à vida e realiza a pessoa. Todos nascemos para amar, cada instante da existência deve ser dedicado ao amor.

Parece-me bem acertada esta definição do amor: "Amar significa colocar a nossa felicidade na dos outros". Com esse critério, é fácil avaliar a nossa capacidade de amar os outros e a Deus; verificar que grau de sacrifício suportamos, para cuidar das pessoas que encontramos e para trabalhar no campo de Deus.

Se consolei um coração abatido, se dei a uma pessoa motivos para continuar a viver, então não vivi em vão.

Se dei carinho a uma criança, se transmiti certezas a um adolescente, se enxuguei as lágrimas de um ancião abandonado, então não vivi em vão.

Se ajudei uma mulher a não abortar, se consegui reatar o entendimento entre cônjuges, que estavam para se separar, então não vivi em vão.

Se tirei o peso da culpa do coração de um pecador, se tornei mais bela e acolhedora a minha casa, se toda a vida lavei pratos para aliviar os meus familiares, então não vivi em vão.

10
VIDA DE VAGABUNDO

"O insensato cruza os braços e se consome" (Ecl 4,6).

1. O ÓCIO E OS DANOS FÍSICOS

O ócio é verdadeiramente o pai dos vícios. Além do mais, o ocioso, por causa de sua insanável preguiça, perde também tantas ocasiões de gozar as alegrias e os prazeres da vida.

O mandrião não conhece os sãos prazeres do corpo.

Quem nada faz o dia todo não tem o gosto de comer com apetite. Tentando despertar o apetite, recorre a aperitivos, a comidas refinadas e caras. No ócio, não se consegue fazer bem nem a digestão. Ao contrário, quem trabalha e se fadiga come sempre com apetite e com gosto, mesmo que se trate de um pedaço de pão escuro e cebola. Crisóstomo, em uma pregação ao povo, disse claramente:

> *Vocês todos sabem e podem até testemunhar por experiência que o prazer da mesa não depende tanto da cozinha, quanto do apetite dos comensais.*
>
> *É certo que quem se senta à mesa com fome comerá com maior prazer um prato de macarrão, ainda que pouco temperado, do que uma porção de salgadinhos, espetinhos e docinhos ou qualquer outra erótica invenção culinária. E a Escritura confirma: "Estômago cheio despreza o favo de mel, estômago faminto acha doce o fel" (Pr 27,7). E o Salmo 81: "E o saciarei com o mel do rochedo". O que significa isto? Em nenhum ponto da Escritura se lê que Moisés*

tenha feito brotar mel da rocha, mas sim água abundante e fresca. O que se pode concluir? A Escritura não mente. Parece evidente a explicação. Depois que os judeus, com sede e cansados no deserto, se lançaram sobre aquelas águas tão frescas, querendo demonstrar o prazer daquela bebida, chamaram aquela água de mel; não porque tenha sido transformada em mel, mas, por causa da sede, era mais doce que o mel.

O preguiçoso, com o correr do tempo, prejudica a própria saúde.

Ou come pouco, ou come muito, o sistema digestivo do preguiçoso se desgasta: é com o exercício equilibrado das funções físicas que se adquire e conserva a saúde. Por isso, notamos que os trabalhadores são mais sãos que os nobres, os operários mais sãos que seus patrões.

O escritor enciclopédico romano Cornélio Celso Aulo (século I-II) inicia o seu tratado, *O verdadeiro discurso*, com estas palavras:

O ócio torna obesos, o trabalho torna fortes:
Aquele acelera a velhice,
Este prolonga a juventude.

E o poeta Pittorio diz:

Para ter sempre boa saúde,
evite sempre os prazeres do ócio.
Até um pequeno soldado
pode correr com mão segura
contra um adversário forte,
enquanto o ocioso toma sol.
Mas, se o seu inimigo
é hábil com as mãos e os pés
e todo atento à luta,
então tenha medo de enfrentá-lo.

O ócio enfraquece o corpo.

O ócio debilita tanto o homem como o animal. Observe como os cavalos se tornam robustos e ágeis com o cansaço dos treinamentos. O cavalo na cocheira perde até a vista. Escreve o poeta romano Ovídio nas *Cartas do Ponto*:

Veja também você como o ócio
destrói um corpo indolente;
também as águas apodrecem
se não se movem.
Assim eu também. Se um tempo
me distraio para compor versos,
agora que também isto me falta,
adoeço e morro de tédio.

E Battista Mantuano[1] nas suas *Partênicas:*

Ao preguiçoso serve o esporão:
os ociosos afrouxam os sentidos como a ferrugem;
um torpor mórbido dobra
os peitos adormecidos no sono;
o ferro que se usa amiúde
brilha com contínuo esplendor,
e pelo seu aspecto brilhante
parece ter-se tornado preciosa prata.
Mas, se é deixado inerte por longo tempo,
escurece e volta a seu negro aspecto
e é corroído pela avidez do tempo.

O ócio tira o sono.

O preguiçoso, que passa o dia todo em ócio, não dorme à noite, como diz a Escritura: "O insensato cruza os braços

[1] Padre Spagnoli Giovan Battista (dito Battista Mantuano) foi poeta; nasceu em 1448, em Mântua, estudou em Pádua e em outras cidades, depois entrou para os Carmelitas Descalços, dos quais se tornou Geral até a morte (1516). Homem de singular piedade, em 1885 foi beatificado. As *Partênicas* são cânticos dedicados à Virgem e a algumas santas.

e se consome" (Ecl 4,6). E se dorme, o seu sono é totalmente fastidioso e um contínuo tropel de pensamentos: de manhã permanece na cama até tarde e depois, sonolento, fica a vadiar, porque não teve um sono repousante. Quem, ao contrário, chega à tarde cansado pelo esforço, dorme tranquilamente. Isso diz também o Eclesiastes: "Gostoso é o sono do trabalhador" (Ecl 5,11). E o poeta latino Horácio diz em sua Ode:

O sono suave
não rebaixa o humilde tugúrio
do lavrador.

O ócio provoca graves danos espirituais.

O preguiçoso perde especialmente boas ocasiões para gozar e saborear as obras do espírito. São Mateus explica isso com clareza e firmeza na parábola dos talentos e do empregado preguiçoso. Basta-nos a conclusão: "Tirem dele o talento e deem ao que tem dez. Porque a todo aquele que tem, será dado mais, e terá em abundância. Mas daquele que não tem, até o que tem lhe será tirado" (Mt 25,28-29).

O motivo é: o preguiçoso não é digno da Graça divina, que torna meritórias as nossas obras. De fato, somente a Graça torna meritórias de vida eterna as nossas obras humanas, conforme afirma de si São Paulo: "Aquilo que sou, eu devo à graça de Deus" (1Cor 15,10). O preguiçoso sente náusea de todas as boas obras espirituais; e, assim, não conhece nem quer conhecer as consolações do louvor divino, da oração e da meditação.

A última e trágica perda para quem vive no ócio é a vida eterna. O preguiçoso não conseguirá a vida eterna: o conhecimento, a visão, a posse e o gozo de Deus. O evangelista

João escreve: "Ora, a vida eterna é esta: que eles conheçam a ti, o único Deus verdadeiro, e aquele que tu enviaste, Jesus Cristo" (Jo 17,3). A vida eterna é o verdadeiro estipêndio dos empregados, como está escrito no Evangelho de Mateus: "Chame os trabalhadores e pague uma diária a todos" (Mt 20,8).

Ah! Infeliz preguiçoso! Pela sua preguiça em fazer o bem nesta vida, você perdeu uma recompensa enorme e nobre na vida eterna! Para isso você foi criado!

O ócio merece reprovação.

Embora em todos os lugares e em todos os tempos o ócio tenha sido sempre um vício reprovável, o é especialmente depois da vinda de Cristo: agora que temos diante dos olhos o exemplo de Cristo, que nos ensinou a valorizar bem o tempo da existência terrena. Durante o dia, ele praticava todo tipo de obras de misericórdia: consolava os aflitos, curava os doentes, expulsava os demônios, restituía a vista aos cegos, instruía os ignorantes, ressuscitava os mortos, chamava de volta os transviados e fazia outras obras de amor. Durante a noite, como escreve o evangelista Lucas, se retirava na montanha para rezar e, assim, com a oração, valorizava também a noite (Lc 6,12). Essa intensa atividade de Jesus já fora profetizada por Isaías:

> *O Espírito do Senhor Javé está sobre mim, porque Javé me ungiu. Ele me enviou para dar a boa notícia aos pobres, para curar os corações feridos, para proclamar a libertação dos escravos e pôr em liberdade os prisioneiros, para promulgar o ano de graça de Javé, o dia da vingança do nosso Deus, para consolar todos os aflitos de Sião, para transformar sua cinza em coroa, seu luto em perfume de festa, seu triste coração em cântico de louvor* (Is 61,1-3).

O mesmo exemplo nos deixaram os Apóstolos, os discípulos de Cristo e São Paulo, o qual, numa pregação aos anciãos de Éfeso, podia dizer: "Vocês mesmos sabem que estas minhas mãos providenciaram o que era necessário para mim e para os que estavam comigo" (At 20,34).

A obrigação de trabalhar e fazer o bem nos vem também da nossa condição de escravos resgatados com um preço incalculável, o sangue de Cristo, para que façamos o bem, conforme a expressão de São Paulo: "Alguém pagou alto preço pelo resgate de vocês. Portanto, glorifiquem a Deus no corpo de vocês" (1Cor 6,20). E Deus se glorifica e se manifesta em nosso corpo, quando fazemos obras boas. Prossegue o apóstolo Paulo: "Assim, queridos irmãos, sejam firmes, inabaláveis, façam continuamente progressos na obra do Senhor, sabendo que a fadiga de vocês não é inútil no Senhor" (1Cor 15,58). Assim comenta São João Crisóstomo:

> *A fadiga. Ainda a fadiga? Certamente, mas uma fadiga que é afrontada por um prêmio no céu: depois da expulsão do homem do paraíso terrestre, ela era só uma punição dos pecados cometidos; agora, ao invés, ela é o fundamento dos prêmios futuros. E, por isso, não é mais uma fadiga, mas uma ajuda do alto.*

"No Senhor", conforme São Paulo: "Deus pode enriquecer vocês com toda espécie de graças, para que tenham sempre o necessário em tudo e ainda fique sobrando alguma coisa, para poderem colaborar em qualquer boa obra" (2Cor 9,8). Assim escreve ainda a seu amigo e discípulo Timóteo:

> *A mulher só será inscrita no grupo das viúvas com sessenta anos e não menos, se tiver sido esposa de um só marido, se tiver em seu favor o testemunho de suas boas obras, criado filhos,*

sido hospitaleira, lavado os pés dos fiéis, socorrido os atribulados, aplicada a toda boa obra (1Tm 5,9-10).

Para esse escopo, fomos resgatados pelo sangue de Cristo. E não para sermos preguiçosos!

É interessante considerar que, agora, no estado e no tempo de Graça dada por Cristo, a recompensa pelas nossas boas obras é maior do que aquela prometida na Lei de Moisés: "A terra dará o seu fruto e vocês comerão até saciar-se e viverão tranquilos" (Lv 25,18). Percebem logo a diferença: aos judeus é prometida uma terra maravilhosa, a nós é prometido o céu. O Evangelho repete continuamente: "Convertam-se, porque o Reino do Céu está próximo" (Mt 4,17). E ainda: "Felizes os pobres em espírito, porque deles é o Reino do céu" (Mt 5,3). E por fim: "Pois Deus amou de tal forma o mundo, que entregou o seu Filho único, para que todo o que nele acreditar, não morra, mas tenha a vida eterna" (Jo 3,16).

Embora alguns judeus particularmente espirituais tivessem esperança em uma vida eterna, figurada na terra prometida, não obstante era preciso que eles permanecessem na espera por centenas e milhares de anos, na parte inferior da terra, até a vinda de Cristo Redentor. Assim está escrito na Carta aos Hebreus:

> *Todos eles morreram na fé. Não conseguiram a realização das promessas, mas só as viram e saudaram de longe; e confessaram que eram estrangeiros e peregrinos sobre a terra. Falando assim, eles demonstraram que estavam em busca de uma pátria. Se eles estivessem pensando que essa pátria era aquela de onde tinham saído, teriam a possibilidade de voltar para lá. Mas não; eles aspiravam por uma pátria melhor, isto é, a pátria celeste* (Hb 11,13-16).

Bem diversas as coisas se apresentam para nós. Ao terminar as nossas fadigas, vamos para o céu, porque a grande Ceia já está pronta. Como diz o evangelista Lucas: "Na hora do banquete, mandou seu empregado dizer aos convidados: Venham, pois tudo está pronto" (Lc 14,17). A hora da Ceia, o tempo da Graça, em que nada mais resta para ser preparado: tudo está pronto, lavam-se as mãos e senta-se para comer. Que fadiga parece-nos pesada, se pensamos naquela Ceia eterna?

Como diz São Bernardo: "A minha fadiga é de apenas uma hora e, se fosse maior, nem perceberia por causa do amor". Porém, o preguiçoso não fala assim: para ele, qualquer leve fadiga é pesada e, pela sua miséria espiritual, o preguiçoso não consegue elevar a mente até as coisas do céu.

ORAÇÃO

Senhor, obrigado por essa solicitação
para encher nosso dia de boas obras.
Foi dito justamente que
"o dia mais feio da vida
é aquele em que não fomos úteis a ninguém".
Ó Senhor, nos destes talentos para fazer frutificar;
nos chamastes a colaborar
na construção de um mundo novo,
a trabalhar em vossa vinha
para que produza abundantes frutos.
Ensinai-nos a nos desprender totalmente
pela vossa glória.
Dai-nos tanto amor por vós
que possamos suportar, sem murmurar,
o peso da jornada e o calor,
e continuar a vos servir com alegria.
É já uma grande honra para nós trabalhar para vós.
Mas vós nos prometestes
dar-nos uma recompensa fabulosa,
no fim da jornada: Vossa Pessoa.

Obrigado pelo alimento cotidiano,
obrigado pelo sono restaurador,
obrigado por nos ter ensinado a vos louvar.
Obrigado porque nos concedeis participar
do Grande Banquete final,
da grande festa, na vida eterna.

Terapia

- Fazer tudo pelo amor de Deus.
- Trabalhar e realizar obras de caridade.
- Levantar-se cedo da cama.
- Exercitar equilibradamente as funções físicas.

DÉCIMA PRIMEIRA INSTRUÇÃO
(MAN. 4.598-4.614)

INTRODUÇÃO

Dezembro de 1811. Padre Gaspar reservou um tema decisivo, para o último retiro, a fim de que não ficassem infrutíferos os seus apelos para eliminar o vício da acídia, com todos os seus derivados. Uma última sacudida na indolência dos que não levam muito a sério a gravidade do mal: "Não deixar para amanhã a conversão". Lembre-se de que não devemos abusar da misericórdia de Deus para ficar inertes no triste e perigoso lodaçal dos nossos pecados. Com as palavras de São Gregório Magno (do qual toma quase todo o texto para a instrução), de São Jerônimo e de Santo Agostinho, nos recorda as terríveis consequências de uma não correspondência ao projeto da salvação de Deus a nosso respeito.

Nós sentimos certo desconforto quando ouvimos falar de justiça, de julgamento, de vingança, de ira de Deus. A evocação de Deus Juiz, embora misericordioso e paciente, provoca em nós medo, não amor, não aquele desejo de nos encontrar com ele no último dia. Porém, não podemos cancelar da Sagrada Escritura essa verdade. Não nos podem deixar indiferentes expressões como: "E o empregado preguiçoso lançai fora nas trevas, onde haverá choro e ranger de dentes" (Mt 25,30); "Afastem-se de mim, malditos: Vão para o fogo eterno, preparado para o diabo e seus anjos. Porque eu estava com fome e vocês não me deram de comer..." (Mt 25,41).

> *Por fim, chegaram também as outras virgens e disseram: "Senhor, Senhor, abre a porta para nós". Ele, porém, respondeu: "Eu garanto a vocês que não as conheço. Portanto, fiquem vigiando, pois vocês não sabem qual será o dia, nem a hora"* (Mt 25,11-13).

As admoestações de Paulo não são menos rigorosas:

> *Homem, você julga os outros? Seja quem for, você não tem desculpa. Pois, se julga os outros e faz o mesmo que eles fazem, você está condenando a si próprio. Sabemos, porém, que Deus é justo quando condena os que praticam tais coisas. Mas você, que faz as mesmas coisas que condena nos outros, pensa que escapará do julgamento de Deus? Ou será que você despreza a riqueza da bondade de Deus, da sua paciência e generosidade, desconhecendo que a bondade dele convida você à conversão? Pela teimosia e dureza de coração, você está amontoando ira contra si mesmo para o dia da ira, quando o justo julgamento de Deus vai se revelar, retribuindo a cada um conforme as suas próprias ações: a vida eterna para aqueles que perseveram na prática do bem, buscando a glória, a honra e a imortalidade; pelo contrário, ira e indignação para aqueles que se revoltam e rejeitam a verdade, para obedecerem à injustiça (Rm 2,1-11). Não se iludam, pois com Deus não se brinca: cada um colherá aquilo que tiver semeado* (Gl 6,7).

Padre Gaspar nos convida a ouvir o Senhor, enquanto temos tempo:

> *Se não aceitarmos os convites amorosos de sua Misericórdia, o que nos restará senão cair nas mãos terríveis da justiça?* (MP, 14/03/1809). *Inspiração para combater os pequenos e grandes defeitos e para aprimorar a virtude com toda a diligência, porque o tempo em que posso servir a Deus,*

promover a sua glória e santificar a mim mesmo, cada vez mais se encurta (MP, 08/10/1808). *Agora, para mim não é mais o tempo de ler, mas sim de fazer (*MP, 21/09/1808). *Possui tudo quem possui a boa vontade. Não é boa a vontade de quem não quer fazer o que pode* (MP, 22/03/1809). *O diabo, diz São João Crisóstomo, faz se sentirem seguros aqueles que quer arruinar. Não adiar de um dia para outro* (MP, 05/03/1809).

11
SE HOJE VOCÊ ESCUTAR A SUA VOZ

"O tempo já se cumpriu e o Reino de Deus está próximo. Convertam-se e acreditem na Boa Notícia" (Mc 1,15).

1. O vício de adiar para amanhã

Há, enfim, um tipo de acídia que é o pior de todos: o vício de adiar sempre para amanhã e jamais começar seriamente a fazer o bem. Transferir as decisões para tempos melhores, por causa da preguiça, é sempre arriscado, porém o é especialmente nas coisas do espírito. A indolência em converter-se do mal para o bem e em retardar a confissão, por exemplo, é um risco que não se deve correr absolutamente. É muito perigoso!

Isso diz também a Palavra de Deus. Eis o que podemos ler no Livro do Eclesiástico, capítulo 5.

> *Não diga: pequei e nada me aconteceu, pois o Senhor é paciente. Não fique muito seguro do perdão, a ponto de amontoar pecados. Não diga: a misericórdia de Deus é grande e ele me perdoará todos os meus pecados, porque ele tem compaixão e cólera, mas sua ira se voltará contra os pecados. Não demore para se converter ao Senhor e não fique adiando isso de um dia para outro, porque a ira do Senhor virá de repente e você perecerá no dia do castigo.*

Para compreender quanto arriscado é procrastinar a conversão do mal, comentaremos uma a uma estas afirmações da Sagrada Escritura, visto que uma só verdade dessas é suficiente para salvar uma alma.

Não desafiar a paciência de Deus.

"Não diga: pequei e nada me aconteceu, pois o Senhor é paciente".

Não diga: Pequei, mas o que me aconteceu de catastrófico? Nada de mal, quer dizer: desgraças, remorsos, medos, amarguras, preocupações, atribulações... capazes de me tirar a louca alegria e o tranquilo prazer de viver? Nada!

Assim raciocinam os grandes e poderosos ricos, sempre prósperos também nos seus perversos projetos. Antes, com fina ironia, desafiam a justiça divina, que não intervém: Onde está Deus? Está tão distante esse Ser inexistente que não pode ver as minhas artimanhas e os meus delitos ocultos. E, se os vê, não perde tempo em puni-los.

Todavia, a Escritura diz que Deus é o Altíssimo, é Aquele que está bem mais alto e, por isso, tudo vê e pretende punir todas as injustiças. O Altíssimo é também o Onipotente e o Juiz supremo. Na sua infinita sabedoria premia os bons e castiga os maus até o último centavo.

Então, por que Ele não me pune logo? Porque Deus não paga o sábado, nem o feriado. Deus é paciente e tem um grande coração: está sempre esperando, como um pai, o filho pródigo, que talvez, com o passar dos anos, crie juízo e retorne à estrada certa.

Há um segundo raciocínio, que fez até os pagãos refletirem. "O Senhor é paciente", isto é, espera que os ímpios façam penitência e retarda o mais que pode a punição.

Eis o provérbio: "Os deuses possuem pés macios como lã, mas têm mãos de ferro!", isto é, lentamente chegam ao castigo, mas são inexoráveis quando punem. Não o deixarão impune, antes a demora agrava ainda mais o castigo.

O Altíssimo, Potentíssimo, possui grande paciência e essa é uma prova da sua onipotência. Porque Ele, ofendido por tantos delitos e injúrias humanas, não fica irado, nem se deixa levar pela indignação e pela vingança, mas permanece sereno, tranquilo, paciente, benigno e clemente. Deus é onipotente na paciência.

Todavia, ao mesmo tempo, o Deus Altíssimo é onipotente na justiça e na punição: nada deixará impune, nem as mínimas coisas. E o pecado mortal, como o furto e o homicídio, o pune com o fogo eterno do inferno.

Respeitai, portanto, vós, pobres criaturas mortais, e vós poderosos da terra, os olhos mais agudos de Deus, o seu olhar que tudo vê. Tremei de medo diante da onipotência divina: temei a providência de Deus, amai e apertai a sua mão paciente, evitai, por caridade, a sua justiça e a sua vingança punitiva.

O trecho latino da *Vulgata* – *Altissimus est Patiens Redditor* – contém em três palavras todas estas qualidades de Deus: a infinita grandeza, a infinita paciência e a infinita justiça.

Apresento as palavras de São Gregório Magno em uma pregação:

> *Tenham presente, caríssimos irmãos, que a misericórdia de Deus se colocou como um anteparo ao redor de nossa insensibilidade, de modo que o homem não pode invocar nenhuma desculpa. Deus é esquecido por nós e mostra paciência, vê-se desprezado e nos chama novamente, é objeto de ofensa – no*

desprezo –, todavia promete prêmios também aos que se decidirem pelo retorno. Ninguém, no entanto, abuse desta longanimidade, porque Ele mostrará, no julgamento, um rigor tão grande quanto maior for antes a sua paciente espera.

São Paulo escreve:

"Desconhece que a bondade dele convida você à conversão? Pela teimosia e dureza de coração, você está amontoando ira contra si mesmo para o dia da ira, quando o justo julgamento de Deus vai se revelar" (Rm 2,4). E assim diz o salmista: "Deus é um justo juiz, Deus ameaça a cada dia" (Sl 7,12). Desejando defini-lo paciente, antepôs a qualificação de justo, para que todos vejam que Ele atura por longo tempo e com benevolência as culpas dos pecadores, mas saibam também que Ele, no devido tempo, fará um severo julgamento. Afirma de fato o sábio: "A misericórdia de Deus é grande... o Senhor virá de repente" (Eclo 5,4). É denominado paciente, porém Autor da justiça, porque atura os pecados dos homens, mas depois os pune e condena com maior rigor, se não se converte aquele do qual esperou longo tempo seu arrependimento.

Não abusar do perdão de Deus.

"Não fique muito seguro do perdão, a ponto de amontoar pecados".

Se Deus adiou a punição do pecado e permanece na espera de sua completa conversão, você não pode viver tranquilo ou absolutamente continuar a importuná-lo com outros novos pecados. Portanto, não acrescente pecado a pecado. A paciência no final se cansa, dá lugar à justiça e então o arrependimento e a dor se tornam inúteis. Em outras palavras, o perdão obtido dos seus pecados passados não lhe deixa seguro: a paciência, diante de excessiva ofensa, se torna furor.

Ainda que você tenha tentado tudo o que era necessário para conseguir o perdão, você está mesmo seguro de tê-lo alcançado? Ou se esquece das sagradas palavras do inspirado Coélet: "O homem não conhece nem o amor nem o ódio" (Ecl 9,1), ou melhor, o homem não sabe se é digno do amor ou do ódio de Deus. É certo, todavia, que, embora tenha alcançado o perdão do seu pecado, a pena não foi ainda minimamente quitada.

Enfim, deve temer que a ira divina, provocada pelos seus contínuos pecados, possa recordar o perdão já concedido. E assim, pelo desprezo para com a clemência divina - agravado por outros motivos de ira e pela recusa aos auxílios divinos totalmente ignorados -, a cólera divina venha a castigar os novos pecados com nova severidade, por causa da péssima atitude ao cometê-los; dessa forma, eles se tornam muito mais condenáveis. Meditemos o Evangelho:

> *O patrão mandou chamar o empregado e lhe disse: Empregado miserável, eu lhe perdoei toda a sua dívida, porque você me suplicou. E você não devia também ter compaixão do seu companheiro, como eu tive de você? O patrão indignou-se e mandou entregar esse empregado aos torturadores, até que pagasse toda a sua dívida. É assim que fará com vocês o meu Pai, que está no céu, se cada um não perdoar de coração ao seu irmão* (Mt 18,32ss.).

É bem verdade que Deus não julga uma ação duas vezes, não se arrepende dos dons concedidos, nem mesmo chega a retirá-los. Está escrito, de fato, na Carta aos Romanos: "Os dons e o chamado de Deus são irrevogáveis" (Rm 11,29) e dos pecados já perdoados Ele não mais culpa o homem que os cometeu. Porém, isso não significa que Deus não sinta grande indignação por aqueles que, pela facilidade em obter o perdão e pela experiência da misericórdia, aproveitam para pecar com maior liberdade e desfaçatez.

Não aproveitar da misericórdia de Deus

> "Não diga: a misericórdia de Deus é grande e ele me perdoará todos os meus pecados".

Assim, logo que me arrepender e tiver implorado a sua misericórdia, ele logo me perdoará. Esse comportamento do homem é um grave pecado contra o Espírito Santo, porque ele abusa da sua misericórdia e bondade para praticar o mal e se aproveita disso, como se justificando, para continuar a praticar o mal.

A misericórdia de Deus é grande, não para lhe permitir pecar mais, mas para lhe dizer que os pecados sempre lhe são perdoados, sob a condição de que você se comprometa a não mais cometê-los. É um horrível sacrilégio que a misericórdia de Deus se torne uma prostituta do demônio e que a misericórdia que nos deveria unir a Deus, nos una, ao invés, ao diabo.

Reflita então: a misericórdia que Deus concede como proteção aos pecadores, esse templo santo no qual se entra para aplacar a Deus e se reconciliar com ele, você o transformou num prostíbulo do demônio, onde se celebram de modo demoníaco missas negras. Portanto, não se aproveite da misericórdia para continuar a pecar.

2. Misericórdia e Ira de Deus

"Porque ele tem compaixão e cólera e sua ira cairá sobre os pecadores".

É como se dissesse: do mesmo modo que a misericórdia de Deus está sempre pronta a ir ao encontro dos pecadores arrependidos, como Madalena, o bom ladrão sobre a cruz, Saulo de Tarso, assim também a ira de Deus se precipita improvisadamente sobre pecadores impenitentes e, surpreendendo-os no sono, os arrasará, como fez com Lúcifer, Caim, o rei Saul, pessoas do dilúvio e também na destruição de Sodoma e de seus habitantes. Aqui, por pecadores, se entendem aqueles que possuem o hábito de pecar e nesse hábito permanecem obstinados e empedernidos. Para eles, nada de misericórdia, somente ira e vingança. Ao contrário, sobre eles a ira cairá imediatamente e pela eternidade: seguramente irão para os tormentos eternos do inferno. Este é o significado do verbo original "cairá": uma ação imediata.

De fato, os pecadores impenitentes estão de tal modo imersos em seus prazeres que justamente lhes parece que o tempo é breve a ponto de não perceber sua duração. Dizem: "A vida é breve, um instante, e no instante não há o já ou depois". Por isso, esses infelizes concluem: "Apenas nascidos, estamos mortos. Todo o pecado, por sua natureza, exige um castigo imediato. Se esse não acontece, há só misericórdia". No entanto, às vezes, Deus justamente permite que o castigo o atinja: então ele chega logo.

O verbo "cair", relacionado à indignação, significa pronto a lançar-se sobre. É a imagem do leão faminto que observa a presa à sua frente, pronto para assaltá-la. Assim, a vingança de Deus, como uma fera, dirige os olhos sobre os nossos delitos, pronta para atirar-se sobre eles e executar o salto, se não fosse impedida pela misericórdia de Deus.

Certamente a ira divina corre veloz para punir os pecadores obstinados nos seus pecados, mas nessa corrida não está sozinha, possui como companheira a misericórdia. Essa, particularmente, surge quando os pecadores são feridos, a fim de que não sejam condenados a maiores suplícios, caso lhes fosse permitido entregar-se por mais tempo a seus vícios.

Assim, São João Crisóstomo nos diz que a vingança de Deus apressa o passo, quando os homens dormem tranquilos nos seus pecados e isso não só para puni-los justamente, mas também por misericórdia, a fim de não agravar a punição, visto que é provável que esses homens, se sobreviverem por mais tempo, aumentarão seus pecados, agravando assim a própria pena.

Não adiar a conversão.

> "Não demore para se converter ao Senhor
> e não fique adiando isso de um dia para o outro".

Parece que estão imitando o crocitar dos corvos: "crás, crás", amanhã, amanhã. Amanhã me converterei, me converterei e mudarei de vida! *Crás! Crás!* "Porque a ira do Senhor virá de repente e você perecerá no dia do castigo".

Quem é tão louco que, pegando na mão por acaso uma cobra venenosa não a atira logo para longe? Quem vai infectar o próprio corpo ou vai introduzir na própria cidade o principal inimigo? Quem conservaria em casa um cadáver coberto de vermes? Ou quem acolheria na alma um demônio? O pecado mortal é a cobra; a peste, o inimigo; o cadáver, o demônio. Logo que você toma conhecimento, lança-o fora com todas as forças, arrependendo-se.

> *Não demore para se converter ao Senhor*
> *e não fique adiando isso de um dia para outro,*
> *porque a ira do Senhor virá de repente*
> *e você perecerá no dia do castigo.*

Assim Crisóstomo comenta essa passagem:

Você não sabe o que lhe reserva o dia de amanhã. No ato de adiar, há somente risco e angústia, ao contrário segurança e certeza paraquem executa as coisas logo. Não diga, pois: "Chegará o dia, em que terei tempo de me converter". Essa afirmação desagrada muito a Deus. De fato, enquanto Ele lhe prometeu a eternidade, por que você nesta vida tão breve não quer se empenhar e, ao contrário, se arrasta assim abatido e desanimado, como se desejasse uma vida ainda mais breve que esta? Talvez não demonstrem isso as suas quotidianas glutonarias, as libertinagens, os espetáculos, as riquezas? Você se embriagou? Exagerou na comida? Arquitetou algum roubo? Não desça um outro degrau! Volte atrás. Não invente desculpas ou pretextos para continuar no mal. Muitos, justamente quando praticavam o mal, morreram improvisadamente e foram direto ao tribunal divino. Reflita bem, para que isso não aconteça também a você: não teria nenhuma desculpa.

– Porém, a muitos, retruca você, Deus concedeu a graça da conversão no final da vida.

– E então? Você está certo de que a concederá também a você?

– Talvez sim, você responde.

– Por que você diz talvez? Isso aconteceu alguma vez? Pense, ao invés, que você está tomando uma decisão a respeito de sua alma; e, portanto, pense também o contrário e diga: "E se Ele não me conceder?". Porém, você continua a repetir: "E se Ele me conceder?".

É sempre Ele quem lhe concede ou não concede: contudo, a decisão de se converter já é certamente mais útil e mais segura. Santo Agostinho, em uma pregação sobre o tempo, diz: "Ó homem, por que o adiamento de um dia para outro? Talvez hoje seja o último dia que você tem!"

ORAÇÃO

Ensine-me, Senhor, a bem contar os meus dias
e alcançarei a sabedoria do coração.

É tudo verdadeiro aquilo que me disse;
sou eu que aproveito perigosamente
da sua paciência e misericórdia.

Eu deixo para amanhã a decisão de mudar de vida,
como os gordos no início da dieta,
como o alcoólatra, ou o fumante, ou o dependente químico.
Esse é o meu problema!

Os alcoólatras, os dependentes químicos que desejam se curar
possuem um grupo,
uma comunidade terapêutica, que os apoia,
os encoraja, os avalia.
Compreendi que devo caminhar em grupo,
em organização, em comunidade.
Pois todos temos os mesmos problemas
(ainda quando não queremos admitir!)
Senhor, conceda-me companheiros de viagem,
sinceros e misericordiosos,
acolhedores, mas não acomodados,
que se sintam pecadores perdoados.
E o Senhor, Caminhante misterioso, caminhe conosco
e ouça as nossas desilusões.
Com sua palavra aqueça os nossos corações,
parta o Pão da Vida.
Fique conosco, porque já se faz tarde.

Jesus: "Permaneçam em mim e eu em vocês.
Como o ramo não pode dar fruto por si mesmo,
se não permanecer na videira,
assim também vocês, se não permanecerem em mim.
Eu sou a videira, vocês os ramos.
Quem permanece em mim e eu nele produz muito fruto,
porque, sem mim, nada podem fazer.
Quem não permanece em mim
será jogado fora como o ramo que seca,
e depois o recolhem,
e o jogam no fogo, e o queimam.
Se permanecerem em mim, e as minhas palavras
permanecerem em vocês,
peçam o que quiserem e lhes será dado.
Permaneçam no meu amor".

CONCLUSÃO

No final dessas meditações, já deveria ter brotado forte desejo de sacudir de nós o torpor, que lentamente vai sufocando e apagando o amor.

Às vezes acontece que, por causa da fuga de gás, pessoas morrem no sono, sem perceber a falta de oxigênio. A solução, quando alguém percebe o perigo, é a de fechar o gás e abrir bem depressa as janelas para a troca de ar. Se percebemos que a nossa vida espiritual está adormecida e morrendo,devemos imediatamente tomar uma decisão: temos de nos dar logo uma sacudida, para nos despertar e recomeçar. Ainda que a decisão seja pessoal, minha, tua, certamente o caminho da retomada não será percorrido solitariamente. Temos necessidade dos outros. Juntos podemos nos ajudar a não adormecer, na espera do Esposo. Alguém pode gritar a cada pouco: "Eis o Esposo, vamos a seu encontro!" Este foi o grito que São Gaspar fez ressoar diante dos acólitos, que o escutavam nos retiros, e vem repetindo também a nós por intermédio dessas instruções. Para recomeçar, podem nos ser de estímulo as palavras que São Gaspar anotou em seu *Memorial Privado* do dia 18 de maio de 1811:

> *Inicie a via espiritual mais apertada e de penitência. Eu me esquecerei dos seus pecados e lhe mostrarei quanto deve sofrer no meu nome.*

Pouquíssimos são aqueles que entendem o que Deus faria deles, se Ele não fosse impedido por eles, nos seus desígnios.

"Inicie a via espiritual mais estreita e de penitência."

Essas palavras são a exortação que Cristo endereçou também anós, para nos fazer levantar da nossa apatia e da preguiça que nos tiraram as forças. Não são golpe de chicote, mas o convite com que Jesus nos atrai para que o sigamos: "Se alguém quer me seguir, renuncie a si mesmo, tome cada dia a sua cruz e me siga" (Lc 9,23). Toma-nos pela mão, como pegou a filha de Jairo, ou o filho morto da viúva de Naim: "*Talita Kumi*, lhe digo, levante-se!", ou nos diz como a Elias: "Levante-se e coma, pois o caminho é superior às suas forças" (1Rs 19,7).

Recomeçar junto com Cristo, desta vez com maior determinação, fortalecidos pelas experiências de desilusões e de vazio, que temos provado até hoje. Recomeçar, tomando não a estrada larga, que leva à morte, mas aquela estreita e de penitência.

A via estreita é aquela íngreme, que sobe a Jerusalém, ao Calvário. Porém, para não desanimar, ao longo do caminho, devemos cantar as palavras do Salmo 84:

Felizes os que encontram em ti a sua força
ao preparar sua peregrinação.
Quando atravessam vales áridos,
eles os transformam em oásis,
como se a primeira chuva
os cobrisse de bênção.
Eles caminham de fortaleza em fortaleza,
até verem Deus em Sião.

O vale do pranto é o de Acor, do qual fala Oseias: é o vale infestado de cobras venenosas e de escorpiões, transformado em vale da esperança, lugar de canto e de encontro com Deus. Uma certeza nos acompanha: a presença de Cristo ao nosso lado: "Javé é meu pastor... embora eu caminhe por um vale tenebroso, nenhum mal temerei, pois junto a mim estás" (Sl 23,1ss.).

A via estreita é a da humildade, do conhecimento da própria fragilidade humana; é a via percorrida por Cristo, o pobre, o indefeso, sem poder humano; a via do servo, daquele que oferece a própria vida para a salvação de todos.

A via da penitência é a da conversão, de retorno a Deus. "Vou me levantar e vou encontrar meu pai..." (Lc 15,18). O Filho e o Caminho nos indicam a estrada do retorno.

Devemos percorrer, ao contrário, todo o caminho, rever as escolhas erradas que fizemos no passado, retornar aos bares onde nos embriagamos para dizer: "Por favor, um copo de água; agora não tomo mais bebida alcoólica". Encarar os próprios erros, reconhecendo que é frágil e colocar com humildade o nosso passado nas mãos misericordiosas de Cristo.

"Eu esquecerei os seus pecados e lhe mostrarei quanto deve sofrer em meu nome."

A nossa retomada espiritual é possível graças ao perdão de Deus: "Eu esquecerei os seus pecados". O seu perdão, garantido no início, nos dá a força de recomeçar o caminho de aproximação de Deus.

Significativo é o que se conta de São Jerônimo. Depois de um período transcorrido em grutas, rezando e fazendo penitência, não recebendo nenhuma resposta do céu, Jerônimo começava a se desesperar. As velhas tentações retornaram, estava desanimado e para entregar os pontos, quando viu um crucifixo entre os ramos secos de uma árvore. Atirou-se ao chão e invocou a Deus. Jesus rompeu o silêncio e, voltando-se para ele, disse: "Jerônimo, o que você me pode dar?". Jerônimo tomou coragem e respondeu: "A minha solidão, na qual me encontro, Senhor". "Obrigado, Jerônimo, respondeu Jesus, pode me oferecer alguma outra coisa?" E Jerônimo, com ímpeto: "Os meus jejuns, a fome, a sede".Continuou Jesus: "Mas não tem nada mais para me oferecer?". Jerônimo lhe ofereceu as suas vigílias, o seu estudo da Palavra de Deus... Porém, logo depois, Jesus o acossava mais: "Jerônimo, tem alguma outra coisa para me oferecer?" Por fim, Jerônimo, tendo esgotado todas as suas boas obras, balbuciou: "Senhor, eu lhe dei tudo, não me resta mais nada". Então, no grande silêncio da gruta e do deserto de Judá, Jesus respondeu uma última vez: "Sim, Jerônimo, você se esqueceu de algo: dê-me ainda os seus pecados, para que eu possa lhe perdoar".

Somente a experiência do imenso e gratuito amor de Deus nos permite chegar com confiança até o trono da graça. Deus esquece os pecados perdoados e nos renova na grandeza, na dignidade e no primeiro chamado. "Pedro, você me ama? Apascenta as minhas ovelhas. Segue-me" (Jo 21,15ss.). "Se alguém está em Cristo, é nova criatura. As coisas antigas passaram, eis que uma realidade nova apareceu" (2Cor 5,17). O passado não é uma bola amarrada aos pés, que nos impede de caminhar, mas se torna a recordação da sua misericórdia e uma ajuda para não recair na escravidão: "Você ficou curado. Não peque de novo, para que não lhe aconteça alguma coisa pior" (Jo 5,14).

O nosso passado de cegos, sentados à beira da estrada para esmolar um pouco de atenção e alguns trocados de benevolência, terminou. O Mestre nos chama até Ele.

Joguemos fora a capa, isto é, a nossa pobre defesa, a nossa última pobre segurança e corramos a seu encontro: ele nos abrirá os olhos. Sigamo-lo no caminho para Jerusalém.

Agora temos a luz, conseguimos compreender. Não esqueçamos o nosso passado e seremos misericordiosos e solidários com a pessoa que peca; levemos os outros ao mesmo médico que nos curou.

"Eu lhe mostrarei quanto deverá sofrer em meu nome"
(At 9,16).

É melhor sofrer seguindo Cristo, fazendo o bem, do que sofrer por causa da triste solidão do pecado, da inquietação causada pelo vazio ou pela busca dos prazeres.

"Sofrer em meu nome" significa partilhar da mesma missão de salvação de Jesus e dos seus consequentes sofrimentos. Estes causam medo em todos, mas, se houver uma grande motivação, então é possível encará-lo e suportá-lo. Recordo-me de uma jovem senhora que, pouco antes, havia dado à luz o primeiro filho. Perguntei-lhe se as dores do parto são verdadeiramente tão angustiantes como se diz.

– Sim, são fortes, respondeu-me, porém naqueles momentos eu pensava: "Essas dores são o sinal de que está nascendo o meu filho". Então, pensando na vida que estava surgindo, conseguia suportar aquelas dores.

Pensemos também nas fadigas e nos riscos de quem, nas catástrofes naturais, se arrisca para salvar outras vítimas humanas. Quem segue Cristo para dar vida e esperança a tanta gente que está verdadeiramente mal, sabe desde o início que não terá vida fácil e cômoda. "Não existe amor maior do que dar a vida pelos amigos" (Jo 15,13). É sempre uma questão de amor. Somente quem ama Cristo e os filhos de Deus se torna capaz de suportar tantas contrariedades e sofrimentos. "Sofrer em meu nome".

Sofrer como Cristo e em Cristo.

> *Venham a mim todos vocês que estão cansados de carregar o peso de seus fardos e eu lhes darei descanso. Carreguem a minha carga e aprendam de mim, porque sou manso e humilde de coração, e encontrarão descanso para suas vidas. A minha carga é suave e o meu fardo é leve* (Mt 11,28-30).

Consolo e fardo parecem palavras contraditórias. Na verdade, o "sofrer em seu nome" é um fardo leve, porque, para carregar a cruz, não estamos sozinhos. Cristo nos pede para carregar o seu jugo, a fim de participar de sua paixão: dessa forma nos tornamos "cônjuges" com Cristo. "Unidos com ele em uma morte semelhante à sua e unidos na mesma ressurreição" (Rm 6,8).

"Pouquíssimos são aqueles que entendem o que Deus faria com eles, se Ele não fosse impedido por eles nos seus desígnios."

São Gaspar repetiu amiúde esta verdade como um estribilho. Deixou-se plasmar e replasmar por Deus, com docilidade, abandonando-se com grande confiança em suas mãos amorosas; este foi o caminho secreto da santidade que São Gaspar percorreu pessoalmente e que agora revela a nós.

A acídia é a atitude recalcitrante e preguiçosa de quem não confia em Deus e não mostra vontade de entrar na discussão, de quem não quer agir e acolher as provações e os auxílios para sair da apatia.

Quando deixamos livre o Espírito Santo, quando damos carta branca a Cristo, para que possa traçar o que deseja, então nos tornamos uma obra-prima.

Ai daquele que é um vaso de barro
e se atreve a discutir com seu criador!
Por acaso a argila vai dizer ao oleiro:
Que é isso que você está fazendo?
Essa vasilha não tem cabo? (Is 45,9)

Maria nos ensina a exclamar com alegria: "Seja feito segundo a tua palavra", e São José a executar imediatamente aquilo que Deus o faz entender.

Certamente é preciso confiar em Deus, confiar nele, o "volante" da nossa vida, e deixar que nos conduza para onde quiser, pelas estradas que ele escolhe e na velocidade que deseja. É preciso entregar o nosso espírito nas mãos do Pai.

Mas por que se insiste em confiar em si mesmo, depois de tantas desilusões provadas e tantos desastres? Por que continuar na revolta ou na desconfiança a respeito de Deus? Por que duvidar sempre dele e pensar que nos abandonará no ponto mais importante? Se nos convida a caminhar sobre a água, tentemos fazê-lo; se eventualmente afundarmos, estenderá sua mão potente e a apertaremos forte, bem forte e não mais a largaremos.

Para terminar, das cartas de São Gaspar, vamos tomar algumas expressões, para uma oração de abandono confiante em Deus, que fazemos nossa.

Ato de Abandono Confiante

Bendito sejas tu, meu Pai,
que dispões suavemente cada coisa para o seu fim.
Seja louvada e agradecida a tua imensa bondade.
Também quando é noite,
para ti é sempre dia claríssimo
e nada pode se opor a teus desígnios.
Eu fecho os meus olhos de curta visão
e tu, com tua mão sapientíssima,
me guias e me conduzes pelas tuas vias misteriosas.

Nas tuas mãos não sentirei temor
e não ficarei confuso.
Confiar em ti é uma bela confiança.
Sinto-me seguro como uma criança adormecida
no braço de sua mãe, sem cuidados
ou preocupações comigo mesmo.

Tu vês, ouves, falas e ages por mim e, quando desejas,
tu podes me acordar, estando assim perto.

Cumpra-se em mim a tua divina,
sapientíssima, justíssima e perfeitíssima vontade.
Eu não quero saber o que tens intenção de fazer.
Fico tranquilo, sabendo que tu, meu Pai,
podes fazer aquilo que quiseres,
ainda que muito longe das minhas vistas
e, às vezes, ao contrário.
Desde que tu sejas servido: isto me basta.
Amém.

***

Padre Facciotti terminou seu trabalho com um Ato de abandono confiante. O abandono nas mãos de Deus é uma grande característica da espiritualidade de São Gaspar Bertoni. Ele nos ensina que, sem Deus, nada somos e, com Ele, tudo podemos. Além do mais, nossa visão é tão curta, por isso o Fundador nos convida a nos entregarmos nas mãos de Deus, como uma criancinha no colo de sua mãe amorosa.

Ao longo das instruções, padre Gaspar apresenta um vício, que tantas vezes sabe se encobrir, se camuflar e, assim, vai minando sorrateiramente a atividade material e, principalmente, a espiritual.

De fato, a acídia é um dos sete vícios capitais, embora com esse nome ele seja pouco conhecido pela maior parte das pessoas, mas na verdade ele pode atingir a todos e impedir o progresso na caminhada.

Padre Bertoni desejou mostrar o que pode acontecer na vida de uma pessoa que desleixa o cultivo do amor a Deus e ao próximo. O amor não morre de causa natural, mas, sim, pela falta de cuidado, pela indiferença, pela cegueira e pelo descaso. O amor exige esforço, empenho e doação para poder se firmar e crescer.

Nascido do amor, o ser humano se realiza quando se torna capaz de amar, de se doar e de realizar uma convivência construtiva. Este é justamente o projeto de Deus, que criou o homem à sua imagem e semelhança; porém, se o homem não realiza a própria identidade divina, cai no vazio, perde o sentido da vida e arruína completamente a si mesmo. É preciso espantar para bem longe as trevas da acídia e fazer brilhar a luz solar da boa vontade, do empenho e da atuação criativa, buscando em tudo a maior glória de Deus.

SUMÁRIO

SÉTIMA INSTRUÇÃO

OITAVA INSTRUÇÃO

NONA INSTRUÇÃO

DÉCIMA INSTRUÇÃO

DÉCIMA PRIMEIRA INSTRUÇÃO